PARLER AUX
« SIMPLES GENS »

MICHEL ZINK
de l'Académie française

PARLER AUX « SIMPLES GENS »

Un art médiéval

LES ÉDITIONS DU CERF

Ouvrage édité
par
Guy Stavridès

www.editionsducerf.fr
24, rue des Tanneries
75013 Paris

ISBN : 978-2-204-14001-0

Introduction

Heureuses contradictions

Nous sommes ainsi faits. Ce qui n'est pas accessible à tous, ce qui n'est pas destiné à tous, ce qui est réservé à quelques-uns nous est d'emblée suspect. Nous avons tôt fait d'y déceler une atteinte au principe d'égalité, une tendance à l'élitisme, la revendication d'une supériorité. Tel est l'esprit de notre temps. C'est pourquoi attribuer à l'art littéraire du Moyen Âge le souci de s'adresser aux simples paraît un effort servile et dérisoire pour réhabiliter une époque de mauvaise réputation en tentant de lui délivrer un certificat de conformité avec la pensée d'aujourd'hui. Effort servile, dérisoire et même absurde. Délivrer ou refuser au passé des certificats de modernité, quel intérêt ? Effort désespéré aussi. Qui oserait prétendre que la société médiévale est égalitaire ? La vie intellectuelle au Moyen Âge n'a-t-elle pas pour langue le latin, que le commun ignore ? La vie et l'expression littéraires dans les langues vernaculaires ne se veulent-elles pas *courtoises*, c'est-à-dire réservées au monde des cours et conformes à ses usages ?

Aucune époque, pourtant, n'échappe aux contradictions. Heureusement. Sans contradictions, pas d'ébranlement des certitudes, et donc pas d'évolution de la pensée, des représentations du monde, des valeurs, des convictions. Pas de changement. Si le Moyen Âge avait fait exception à la règle, s'il avait été sur tous les points en parfaite cohérence avec lui-même, nous serions encore au Moyen Âge. Mais non. Il était convaincu que les hiérarchies sociales et le pouvoir des princes sont légitimés par la volonté divine. Mais il était tout aussi convaincu que les valeurs matérielles du monde transitoire, pécheur et corrompu où s'écoule le temps de notre vie sur terre ne comptent pas aux yeux de Dieu, qu'elles ne préjugent pas de son jugement sur les hommes et sont au contraire un obstacle à leur salut, que les plus pauvres, les plus humbles, les plus méprisés sont les plus proches de lui et que les premiers seront les derniers, selon la parole de l'Évangile. Si cette conviction, certes rarement mise en pratique, certes constamment bafouée, n'avait pas été si tenace, notre époque manifesterait-elle une telle passion de l'égalité, mettrait-elle sans cesse en cause les fondements de l'autorité, prêterait-elle, du moins en paroles, une telle attention aux plus faibles et aux plus démunis, comme nous disons ? Ces exigences ont, certes, revêtu au fils du temps des formes nouvelles. Elles se sont trouvé de nouvelles justifications. Elles récuseraient certainement leur origine. N'est-ce pas pourtant la tension de cette contradiction médiévale qui, poussée jusqu'à la rupture avec l'ordre ancien, les a imposées ?

Lors de la Révolution française, la République a pris pour devise « Liberté, égalité ». Vers le milieu du XIXe siècle, on y a ajouté « fraternité ». Jamais l'idée que les hommes pouvaient être tous frères n'aurait effleuré les Romains, dont la république inspirait les révolutionnaires de 1789. Mais cette idée est au fondement du christianisme. Dieu n'est pas seulement créateur, il est le père de tous les hommes, de chacun et de chacune sans exception. Étant tous ses enfants, et non ses esclaves, ils sont tous libres[1]. Étant tous ses enfants, ils sont tous égaux.

1. Voir au début du livre d'O. Grenouilleau, *Christianisme et esclavage* (Paris, Gallimard, 2021), le commentaire pénétrant des passages de saint Paul sur l'enfant et l'esclave. Dans une perspective différente, voir A. de Vitry, *Le droit de choisir ses frères ? Une histoire de la fraternité*, Paris, Gallimard, 2023.

Étant tous ses enfants, ils sont tous frères et sœurs. Là encore, la pratique de l'Église n'a pas toujours été en cohérence avec cette logique. Celle-ci n'en a pas moins fait son chemin.

Le Moyen Âge n'a pas seulement cru à la grandeur des humbles, en contradiction avec son organisation sociale et avec les valeurs qui en découlaient. Il ne nous montre pas seulement, au tympan des églises, des chevaliers et des rois, des évêques et des papes précipités en enfer. Ses lettrés, qui étaient des hommes d'Église et dont le premier devoir était d'enseigner et de prêcher, ont également senti la nécessité de s'adresser aux « simples gens », à ceux qui ne partageaient pas leur savoir et dont il leur était le plus difficile de se faire comprendre. Ce besoin, ils l'ont éprouvé au point que nous lui devons l'apparition précoce de notre littérature. Les exigences de la foi chrétienne et les conditions de sa diffusion ont eu cet effet paradoxal qu'elle a pris naissance, cette littérature, en s'adressant aux exclus des lettres. Ces exclus des lettres, appelons-les « les simples gens ».

Les simples gens

« Les simples gens » (ou plus souvent au singulier, « la simple gent ») est une expression usuelle en ancien et surtout en moyen français (on appelle ancien français l'état de la langue de ses origines à la fin du XIIIe siècle, moyen français son état du XIVe à la fin du XVIe siècle). Elle est généralement employée dans le champ religieux, et plus particulièrement dans le contexte pédagogique de l'instruction et de la pastorale. Elle désigne les gens du peuple (*laici*, laïcs, du grec *laos*, « peuple »), qui sont illettrés (*illiterati*). Ces deux termes, laïc et illettré, quasi synonymes, sont tous deux, indifféremment, l'antonyme du mot clerc. Le clerc appartient à l'Église, dont il a reçu au moins les ordres mineurs, il sait lire et écrire et il connaît le latin. Cet état et ces compétences sont indissociables. On le voit, ces distinctions renvoient à des catégories et à un état de la société qui ne correspondent pas au nôtre. Pour nous, l'illettrisme est de ne pas maîtriser la lecture et l'écriture. Au Moyen Âge, il s'agit de l'accès aux lettres, c'est-à-dire au savoir contenu dans les livres, et non de la stricte compétence de la lecture et de l'écriture. Comme l'a admirablement monté Brian Stock[1], un marchand, capable de tenir lui-même son livre de comptes, pouvait être inculte, tandis qu'un prince, sans jamais lire de ses yeux ni écrire de sa main, pouvait avoir une vaste culture : il se faisait faire la lecture et il commandait des traductions. Charlemagne, nous dit Éginhard, son biographe, cultivait avec zèle les arts libéraux (grammaire, rhétorique, astronomie) auprès des plus grands maîtres, parlait un excellent latin et comprenait le grec[2]. Il a même tenté d'apprendre à écrire, mais trop tard et avec un succès médiocre, bien qu'il cachât sous ses oreillers des tablettes de cire sur lesquelles il s'exerçait à tracer les lettres[3].

Un traité en français de la seconde moitié du XIVe siècle est intitulé le *Doctrinal aux simples gens*[4]. C'est un exposé

1. B. STOCK, *The Implications of Literacy. Written Language and Models of Interpretation in the Eleventh and Twelfth Century*, Princeton University Press, 1983. Voir, plus anciennement, H. GRUNDMANN, « Litteratus – illiteratus. Der Wandel einer Bildungsnorm vom Altertum zum Mittelalter », *Archiv für Kulturgeschichte* 40, 1958, p. 1-65, repris dans *Ausgewählte Aufsätze*, Stuttgart, 1978, t. III, p. 1-66.

2. *Vie de Charlemagne*, 19, 25.

3. ÉGINHARD, *Vie de Charlemagne.* Texte, traduction et notes sous la direction de M. SOT et Chr. VEYRARD-COSME, Paris, Éd. Les Belles Lettres, 2014, chap. 19, p. 44, et 25, p. 58-60.

4. Éd. Ch. AMALVI, thèse de l'École des Chartes dactyl., 1978. La version longue a été éditée par Mgr Palémon GLORIEUX parmi les *Œuvres complètes* de Jean GERSON, auquel il l'attribue à tort, t. 10, 1973, n° 532. Voir la notice de G. HASENOHR dans *Dictionnaire des lettres françaises. Le Moyen Âge*. Édition entièrement refondue et mise à jour sous la direction de G. HASENOHR et M. ZINK, Paris, La Pochothèque, 1992.

élémentaire, mais clair et réfléchi, des points essentiels de la doctrine chrétienne. Cet ouvrage a peut-être été écrit dans l'entourage de Jeanne d'Évreux, veuve du roi Charles IV le Bel, et sa diffusion semble avoir été favorisée quelques décennies plus tard par l'évêque et juriste Jean de Roye, influent à la cour de Charles VI et auprès des papes (ou antipapes) Clément VII et Benoît XIII. Il n'a donc pas éclos parmi les simples gens. Il ne s'adresse même pas directement à eux. Il était destiné à leurs curés. Ils y trouvaient rassemblées les connaissances théologiques et morales élémentaires et nécessaires à la vie chrétienne, qu'ils devaient leur transmettre. De brefs commentaires facilitaient l'insertion de ce savoir abstrait dans la prédication.

Le *Doctrinal aux simples gens* n'est pas un livre pour les illettrés. Que faire d'un livre quand on ne sait pas lire ? C'est le livre du maître utilisé par ceux qui enseignent les illettrés. Je l'ai pris pour exemple parce qu'il est en français, non en latin, et que son titre même fait des simples gens ses destinataires ultimes. Mais c'est un ouvrage très tardif, qui n'a rien à voir avec l'apparition de notre littérature et qui est de cinq bons siècles postérieurs aux plus anciens textes français. À l'époque où il a été composé, il existait depuis longtemps, en français et dans les autres langues modernes, des traités et des recueils de sermons ou de récits édifiants visant à aider les prêtres dans leur prédication ou leur enseignement aux simples, mais fournissant aussi directement un public plus éduqué, souvent féminin, en lectures spirituelles. Le *Doctinal aux simples gens* lui-même a fait l'objet d'un remaniement amplifié qui l'orientait vers cet usage. Dès la fin du XIIe siècle, l'*Elucidarium* d'Honorius Augustodunensis[1] (ca 1080 – ca 1155), dont le succès a été immense et

1. Éd. et trad. Y. LEFÈVRE, *L'*Elucidarium *et les lucidaires. Contribution, par l'histoire d'un texte, à l'histoire des croyances religieuses en France au Moyen Âge*, Paris, De Boccard, 1954. Voir D. RUHE, *Gelehrtes Wissen,*

durable, visait de façon analogue à assurer une formation minimale orthodoxe aux simples prêtres et à les aider dans leur enseignement aux fidèles. Il était en latin et se présentait, comme les catéchismes de naguère, sous la forme d'un dialogue entre le disciple qui pose des questions et le maître qui y répond en éclairant, en *élucidant*, d'où son titre, les incertitudes et les difficultés. Plus tard il deviendra, en latin pour les plus savants, mais aussi dans de nombreuses traductions vernaculaires, un traité de doctrine et de morale, souvent à l'usage des laïcs.

L'expression « les simples gens » n'a pas en elle-même de connotation péjorative. C'est même le contraire, car son emploi suppose souvent une référence implicite à l'évangile de Matthieu 11, 25 : « Je te bénis, Père, Seigneur du ciel et de la terre, d'avoir caché cela aux sages et aux habiles et de l'avoir révélé aux tout petits[1]. » Lorsque la béguine Marguerite Porete (vers 1250 – 1310) écrit en français son *Miroir des simples âmes anéanties*[2], elle suggère que la simplicité de l'âme, c'est-à-dire son incapacité à comprendre Dieu et à échapper au piège de la nature, la maintient dans l'erreur, loin de Dieu, mais que cette même simplicité, en la contraignant à l'humilité absolue, lui permet d'aborder l'expérience d'un dépouillement de tout et de soi-même jusqu'à l'anéantissement dans l'amour divin. À ce compte, toute âme est simple, s'agissant de sa situation initiale, et toute âme devrait aspirer à l'être, s'agissant de son cheminement ultérieur. Approuvé pourtant par certains théologiens, ce traité mystique fut

---

Aberglauben und pastorale Praxis im französichen Spätmittelalter, Wiesbaden, L. Reichert, 1993.

1. *Confiteor tibi, Pater, Domine cœli et terrae, quia abscondistis hæc a sapientibus et prudentibus, et revelasti ea parvulis* (Mt. 11, 25).

2. *Le Mirouer des simples ames anienties et qui seulement demourent en vouloir et desir d'amour*. Éd. R. Guarnieri, Rome, Edizioni di storia e letteratura, 1961. Éd. P. Verdeyen, Turnhout, Brepols, 1986. Trad. en français moderne de M. Huot de Longchamp, Paris, Albin Michel, 1997.

rapidement condamné. Marguerite Porete brava l'interdiction de le diffuser et finit sur le bûcher, tandis que son ouvrage était encore vitupéré longtemps après sa mort, ce qui ne l'empêchera pas d'exercer une influence souterraine et même d'être traduit en latin. Même ses lecteurs bienveillants avaient observé que le *Miroir des simples âmes anéanties*, écrit en français et donc accessible à tous, pouvait présenter un danger pour des esprits intellectuellement et spirituellement peu préparés à recevoir un texte aussi subtil et aussi radical. Dans le prologue de ce long dialogue mis en scène, Marguerite elle-même, consciente de la difficulté de son ouvrage, invite les auditeurs à y appliquer leur « entendement subtil ». Voilà qui montre l'avers et le revers de la simplicité. Le cheminement des simples âmes anéanties en Dieu met à rude épreuve l'entendement des simples gens. Et pourtant il est vrai que ces âmes sont simples.

Gerson, qui fera sien ce reproche, écrit dans un de ses sermons en français qu'il en va pour tout chrétien des mystères de Dieu comme de la liturgie en latin pour les « simples gens ». Ils ne savent pas le latin, ils ne comprennent donc pas, quand ils sont à l'église, ce qui se dit ou se chante, et pourtant ils en tirent un profit spirituel. Ils ne comprennent pas la lettre, mais ils saisissent cependant quelque chose, et peut-être l'essentiel. Ils en ont une intuition juste, de la même façon qu'on devine parfois ce qui se dit dans une langue qu'on maîtrise mal :

> *C'est grande consolacion d'oïr parler de Dieu et des choses divines, et n'est pas temps perdu, jassoit ce que on ne entent pas tout, comme les simples gens oÿent a profit le service de l'Église en latin, combien que ne l'entendent mie*[1].

1. Sermon pour la Trinité *Videmus*, éd. L. Mourin, *Six sermons français inédits de Jean Gerson*, Paris, Vrin, 1946, p. 155.

> C'est une grande consolation que d'entendre parler de Dieu et des choses divines, et ce n'est pas du temps perdu, même si on ne comprend pas tout, de même que les simples gens entendent avec profit les offices de l'Église en latin, bien qu'ils ne le comprennent pas.

Jean Gerson (1363-1429) est lui aussi, à l'échelle du Moyen Âge, un auteur tardif, bien éloigné des origines de notre littérature. Mais il est tentant de remonter le cours du temps. Ce qu'il dit s'applique parfaitement au moment où la langue parlée dérivait loin du latin grammatical au point de n'en plus percevoir qu'un écho brouillé et où elle devenait une langue nouvelle. Les clercs ne luttaient-ils pas alors pour obtenir un effet analogue et rester audibles malgré cet obstacle ? Il leur fallait user de la langue rustique des simples, leur langue de paysans, pour leur communiquer des vérités dont le latin le plus précis, le plus subtil, ne pourrait jamais atteindre la profondeur. D'où des effets nouveaux, si humbles souvent qu'on ose à peine les qualifier d'esthétiques ou de littéraires, mais qui n'en sont pas moins chargés de dire ce que la science ne peut exprimer et qui se livre par d'autres voies, mieux peut-être, puisque ce qui « a été caché aux sages et aux habiles est révélé aux petits[1] », aux « simples gens », aux « simples âmes ». Il n'est pas absurde de supposer que la nécessité de parler aux « simples gens » a pu avoir sur l'expression littéraire au Moyen Âge un effet qui n'a pas été seulement celui d'une mutilation et d'un appauvrissement, mais aussi celui d'une confiance dans la puissance de la simplicité.

Que cette proposition soit vraie s'agissant de la prédication au peuple ou de la littérature d'édification, on peut l'admettre sans trop de peine. Qu'elle soit vraie de façon générale et pour toutes les formes d'expression littéraire

1. Mt, 11, 25.

paraît plus douteux, s'agissant d'une littérature qui affiche constamment son mépris des *vilains* et dont le versant latin est si féru du modèle de la latinité classique. Il paraît vain d'y chercher un art littéraire tourné vers les simples. Et pourtant cet art littéraire existe, fruit des contraintes imposées par la langue et le public, mais fruit aussi de choix esthétiques dont l'interprétation est parfois délicate, mais l'existence peu discutable.

Un art littéraire destiné aux simples ?

Peut-on parler d'un art littéraire pour les simples ? Admettons que cette question puisse être posée. Mérite-t-elle pour autant de l'être ? On en jugera. Je la pose, pour ma part, parce qu'elle entre en résonance avec les raisons qui m'ont poussé dans ma jeunesse à m'intéresser à la littérature du Moyen Âge. Quand j'ai rédigé en 1993 la notice de mes *Titres et travaux* à l'intention de mes futurs collègues du Collège de France, j'ai invoqué cette question pour tenter de donner un semblant d'unité aux deux ensembles de textes, bien différents l'un de l'autre, qui m'avaient surtout retenu jusque-là. D'une part, la prédication au peuple et l'enseignement spirituel en langue vulgaire. De l'autre, la partie du lyrisme médiéval qui ne relève pas de la poésie courtoise et qui lui fournit un contrepoint plus simple en faisant entendre une voix différente, souvent féminine, porteuse d'une inspiration populaire ou cherchant à en donner l'impression. Le lyrisme non courtois et la prédication en langue vulgaire n'ont guère de point commun. Mais se pencher sur l'un et sur l'autre suppose dans les deux cas une tentative pour aborder la littérature à partir de ses marges : trace écrite de ce qui est par vocation oral – les chansons, les sermons –, rencontre de deux ordres de la culture.

Par les marges de la littérature, j'entendais la frontière entre la culture savante et la culture populaire, et les traces que chacune peut laisser dans les productions de l'autre. La distinction entre une culture populaire et une culture savante était alors au centre de la réflexion de Jacques Le Goff, dont, comme tous les jeunes médiévistes, je suivais le séminaire avec enthousiasme. J'essayais donc, avec une docilité de néophyte, d'appliquer ces notions à mon petit pré carré. D'où mon intérêt pour la rencontre du chevalier et de la bergère dans les pastourelles, sujet de ma « thèse de troisième cycle », comme on disait alors, et de mon premier livre, rencontre autour de laquelle je m'efforçais de bâtir une petite construction anthropologique[1]. D'où, surtout, le choix du sujet de ma « grande thèse », comme on disait aussi, *La Prédication en langue romane avant 1300*[2]. J'espérais que les sermons au peuple dans sa langue constitueraient un terrain privilégié pour observer la rencontre des deux cultures. J'avais tort : le terrain était moins fertile que je ne pensais, pour des raisons que j'aurais pu deviner. En revanche, j'avais évidemment relevé, sans leur attacher l'attention qu'elles méritent, les marques stylistiques du « parler aux simples gens ». Mais en 1993, lorsque la rédaction de mes *Titres et travaux* m'a contraint à un premier retour sur mon parcours de médiéviste, j'étais surtout sensible à un aspect particulier de cette question générale, celui de la profondeur temporelle que crée, souvent artificiellement, la poésie médiévale en suggérant sa propre ancienneté à travers les effets de la simplicité, voire en cultivant l'archaïsme. J'y ai consacré l'essentiel de ma leçon inaugurale au Collège de France, les cours qui l'ont suivie pour ma première année d'enseignement et le petit livre que j'en ai tiré[3].

1. *La Pastourelle. Poésie et folklore au Moyen Âge*, Paris, Bordas, 1972.
2. Paris, Champion, 1976.
3. M. Zink, *Le Moyen Âge et ses chansons ou un passé en trompe-l'œil*, Paris, Éditions de Fallois, 1996, p. 36-37.

Je réunis ici ces différentes perspectives. Celle d'une littérature façonnée par la nécessité de parler aux simples gens. Celle d'une littérature qui fait sienne l'idée que les simples l'emportent sur les habiles. Celle d'une littérature qui transpose cette conviction dans l'ordre poétique et dont des pans entiers reposent sur des effets d'inversion et de contraste, mettant en valeur à la fois l'ancienneté et la simplicité. Celle d'une littérature qui se plaît à reproduire le langage des simples ou à l'imiter.

Pourquoi au Moyen Âge plus qu'à une autre époque ?

Faire l'éloge de la simplicité, l'attribuer à l'ancien temps et valoriser ainsi le passé n'est pas une attitude propre au Moyen Âge. Elle est de toutes les époques : « Nos pères, tout grossiers, l'avaient [le goût] beaucoup meilleur », dit Alceste, qui préfère la vieille et simple chanson remontant au temps d'Henri IV, « Si le roi m'avait donné / Paris la grand ville », au sonnet d'Oronte. Mais une chose est de faire l'éloge de la simplicité, une autre de s'adresser aux simples gens. Pourquoi la littérature médiévale le ferait-elle plus que celle d'une autre époque ? Observer que l'expression « simples gens » n'est pas péjorative ne résout nullement le paradoxe d'une littérature intellectuellement et socialement élitiste qui choisit de s'adresser à eux et dont l'apparition même est une conséquence de ce choix. Car, hors de son emploi dans cette expression, l'adjectif « simple » lui-même est souvent dévalorisant. Souvent, mais pas toujours. Cette hésitation est une manifestation parmi d'autres du conflit de la grandeur et de l'humilité, contradiction fondatrice de la civilisation médiévale et de la nôtre.

Pourquoi la littérature médiévale, au moins dans certains domaines, avait-elle plus conscience que celle d'autres époques de devoir s'adresser aux simples ou de devoir tenir compte des simples ? Parce que les contraintes particulières auxquelles elle devait faire face le lui imposaient.

D'abord, les contraintes imposées par la distance croissante entre le latin et les langues parlées qui en dérivaient et étaient en train de s'en séparer. Bientôt, le latin est devenu incompréhensible sans apprentissage aux locuteurs de ces langues nouvelles, les langues romanes, comme il l'avait toujours été pour ceux dont la langue maternelle était germanique ou celtique. Pas d'autre choix que de pratiquer ces langues pour s'adresser à ceux auxquels le latin était inaccessible. Mais cette situation n'a en soi rien d'unique. Partout dans le monde et dans toutes les civilisations, la langue des simples, la langue populaire, la langue rustique coexiste avec une langue de culture, qui seule est écrite. Cette situation peut perdurer indéfiniment. Pourquoi le Moyen Âge occidental a-t-il voulu si vite consacrer par l'écrit l'expression littéraire dans des langues vernaculaires encore balbutiantes ? Pourquoi avoir noté si tôt des chansons et des récits ? Pourquoi avoir noté plus tôt encore, dès le IXe et le Xe siècle, alors que ces langues se dégageaient à peine encore du latin, à partir duquel elles tentaient de transposer des vies de saints, des paraphrases des évangiles, des poèmes religieux divers ? Pourquoi des clercs se sont-ils donné le mal de noter ces langues, d'inventer pour elles une graphie, des usages d'écriture, alors que l'apprentissage de l'écriture ne se faisait qu'en latin et pour le latin ? À une date aussi tardive que la fin du XIIIe siècle, Raymond Lulle, dans son traité d'éducation en catalan *Doctrine d'enfant* (*Doctrina pueril*), présente encore comme une audace pédagogique son conseil d'apprendre à écrire aux enfants directement dans leur langue maternelle, indépendamment de l'apprentissage du latin. Pourquoi n'avoir pas conservé comme seule langue littéraire le latin, langue vivante, langue parlée, langue internationale ?

La raison en est que l'évangélisation rendait nécessaire le recours à la *lingua rustica*, à la langue paysanne, celle des simples gens, et que cette nécessité s'imposait d'abord aux clercs. Le christianisme a la particularité, au regard du paganisme antique, d'exiger une adhésion personnelle, une conviction. Il ne lui suffit pas d'imposer une pratique et des rites. Il veut persuader, gagner les esprits et les cœurs, obtenir d'eux une conversion, mot qui ne désigne pas alors l'adoption d'une religion nouvelle, mais, au sens littéral, le fait de se tourner vers Dieu « de tout son cœur, de toutes ses forces et de tout son esprit ». « Tournez-vous vers moi, dit le Seigneur... et déchirez vos cœurs et non pas vos vêtements[1] » : cette parole du prophète Joël sera choisie par la liturgie catholique comme antienne au début de l'office du mercredi des Cendres, à l'orée du Carême, la période par excellence qui invite le chrétien à la conversion, c'est-à-dire à se tourner vers Dieu dans un esprit de pénitence avant la célébration de Pâques. Les lettrés (*literati*) sont au Moyen Âge, par définition, des hommes d'Église, des clercs. Si imbus qu'ils soient de leur supériorité intellectuelle et sociale, ils ne peuvent pas s'exonérer du devoir de s'adresser aux *illiterati* dans la langue qu'ils comprennent et dans un langage qui les touche. Rappelons que *clericus* et *literatus* d'un côté, *laicus* et *illiteratus* de l'autre, sont pratiquement des synonymes. Plusieurs ordres monastiques distinguent les moines, qui ont été élevés et éduqués au monastère, d'une catégorie plus humble de frères, qui, entrés tardivement en religion, sont dépourvus d'éducation, autrement dit ignorent le latin. Ces frères sont dits frères convers (*conversi*, « convertis », car ils se sont tournés tard vers Dieu) ou frères lais (*laici*, « laïques », « illettrés »). Le critère essentiel qui les distingue des moines était avec une telle évidence l'ignorance du latin

1. « *Convertimini ad me, ait Dominus,... et scindite corda vestra et non vestimenta vestra.* »

qu'on trouve parfois dans les textes le mot *literati* employé pour désigner les moines par opposition aux *conversi*. Le grand abbé de Cluny Pierre le Vénérable écrit en 1143 au pape Célestin qu'il a exposé la lettre de son élection « aux lettrés et aux illettrés qu'on appelle convers », ce qui signifie, comme l'avait souligné Mabillon, qu'il l'a expliquée en langue vulgaire. Vers la même époque, le cistercien Isaac de l'Étoile dit au début d'un de ses sermons : « Parlons simplement, surtout à cause des frères simples et illettrés, qui ne comprennent que si on parle la langue du carrefour[1]. » Car ces convers, ces pauvres frères illettrés, devaient aussi recevoir la parole de Dieu, et tout autant la masse des illettrés hors des monastères. Il fallait bien être compris de tous parce que tous devaient entendre la parole de Dieu. La naissance précoce des littératures en langue romane n'a pas d'autre raison.

Écrire la langue des simples : un paradoxe

Entendons-nous. Chaque peuple, qu'il connaisse ou non l'écriture, et chaque langue ont leurs chansons, leurs poèmes, leurs récits, leurs légendes. Mais je ne parle pas ici de ce que nous désignons par l'expression, contradictoire dans les termes, de « littérature orale ». Je parle des témoignages écrits, qui sont parvenus jusqu'à nous tels qu'ils ont été notés, s'agissant du français, dès le IXe siècle. Je parle de l'effort surprenant des clercs pour noter si tôt la langue des rustres. On m'objectera que le plus ancien texte français n'est pas religieux, mais politique. C'est, comme chacun sait, en 842, celui des serments de Strasbourg, qui scelle l'alliance entre Charles le Chauve et Louis le Germanique contre leur

1. *Dicamus simpliciter, maxime propter simplices et illiteratos fratres, qui supra sermonem trivii loquentes non intelligunt*. Voir M. Zink, *La Prédication en langue romane avant 1300*, Paris, Champion, 1976, p. 164.

demi-frère l'empereur Lothaire après leur victoire sur ce dernier à Fontenoy-en-Puisaye. Louis le Germanique a prêté son serment en français, la langue de son frère Charles le Chauve, qui prêtait le sien en allemand, la langue de Louis. Leurs hommes ont prêté le leur dans leur propre langue, le français pour ceux de Charles, l'allemand pour ceux de Louis. Ce système compliqué était inutile dans le cas des princes, dont chacun comprenait certainement la langue de l'autre et pour qui le plus simple était d'utiliser le latin. Mais il fallait que les soldats comprennent à la fois le serment qu'ils prêtaient eux-mêmes et celui que prêtait le souverain de l'autre partie. De la même manière, lorsque les simples gens recevaient une instruction chrétienne, le baptême, les autres sacrements et, à mesure surtout que la doctrine se précisait sur ces points, il était impératif qu'ils prennent conscience de ce qu'ils faisaient et de ce à quoi ils s'engageaient. Les circonstances, dans les deux cas, n'étaient pas aussi éloignées qu'il semble. Et dans les deux cas, le fait surprenant n'était pas le recours à la langue vulgaire, mais sa notation écrite, qui répond chaque fois à un effort délibéré et à une intention précise.

Nous devons le fait de connaître le texte des serments de Strasbourg à Nithard, qui le reproduit scrupuleusement dans son *Histoire des fils de Louis le Pieux*[1]. Petit-fils de Charlemagne par sa fille Berthe, qui l'avait eu du poète de cour Angilbert, c'était un proche conseiller de son cousin, le roi Charles le Chauve. Il réagit en homme politique et en juriste, pour qui la lettre d'un accord est de première importance. Dans ce domaine, celui des textes juridiques, les serments de Strasbourg restent un cas isolé en langue romane jusqu'aux premières chartes en langue d'oc (celles en français sont plus

1. NITHARD, *Histoire des fils de Louis le Pieux*. Éd. et trad. de Ph. LAUER, revues par S. GLANSDORF, Paris, Éd. Les Belles Lettres, 2012, Livre III, 5, p. 114-118. Voir L. THEIS, *Charles le Chauve. L'empire des Francs*, Paris, Gallimard, 2021.

tardives), deux siècles plus tard. En revanche, l'apparition précoce de la langue rustique dans le domaine religieux revêt, avec moins de solennité, une autre ampleur. On ne conclut pas tous les jours un traité d'alliance décisif pour l'équilibre du monde. Mais il faut chaque jour instruire le peuple de Dieu. À cette instruction ont concouru des poèmes en langue vernaculaire, dont très vite certains ont été écrits. Ils constituent la première trace de notre littérature.

Ils relèvent en effet de la littérature, parce que le passage à la langue vulgaire ne s'y limite pas à une traduction. Le rythme, l'assonance ou la rime, le chant ou la psalmodie flattent l'oreille et soutiennent la mémoire. Le récit et ses formulations récurrentes frappent l'esprit. Il ne s'agit pas seulement de rendre compréhensible à tous un engagement de nature politique ou juridique. Il s'agit d'éveiller une émotion qui engage le cœur. Il faut susciter une conversion.

Le plus ancien poème conservé en français, copié à la fin du IXe siècle dans un manuscrit de l'abbaye de Saint-Amand-les-Eaux, en est un exemple très clair. Probablement inspiré d'une hymne de Prudence (IVe siècle) consacrée au même sujet, il relate le martyre de sainte Eulalie. Il est copié au verso d'un feuillet dont le recto porte un poème en latin sur cette même sainte. Immédiatement à sa suite a été copié un peu plus tard un poème en allemand, le *Ludwigslied*, célébrant la victoire remportée sur les Vikings le 5 août 881 par le roi germanique Louis III. Les deux poèmes de sainte Eulalie et le *Ludwigslied* occupent les derniers feuillets d'un manuscrit qui est pour le reste un recueil de sermons de saint Grégoire de Nazianze (en traduction latine, bien entendu)[1]. C'est donc cela, dira-t-on, que j'appelle une manifestation évidente du souci de toucher le cœur des simples par la

1. *Les séquences de sainte Eulalie [...] Avec les autres poèmes du manuscrit 150 de Valenciennes*, Éd. et trad. de R. Berger et A. Brasseur, Genève, Droz, 2004.

poésie en langue vernaculaire ? Trente vers à peine, sans doute inspirés d'un auteur latin, ajoutés dans l'espace laissé libre à la fin d'un manuscrit monastique contenant des écrits d'un savant père de l'Église ? Et des vers qui viennent de surcroît après des vers latins sur le même sujet ? Oui, car c'est précisément la comparaison des deux poèmes qui est instructive. Le poème latin est un éloge lyrique et rhétorique de la sainte, qui ne livre sur elle aucun renseignement précis. Il est destiné à s'insérer dans la liturgie d'un office en l'honneur d'Eulalie. Le poème français dit en quelques mots qui elle était et raconte son martyre. Il s'adresse à un public qui a besoin d'être informé sur elle et touché par sa fermeté dans la foi, par son courage, par ses souffrances.

Ce poème, nous l'appelons la *Séquence de sainte Eulalie*. On disait autrefois la *Cantilène de sainte Eulalie*. Pourquoi ce changement ? Une séquence (*sequentia*, de *sequor*, suivre) est un poème liturgique qui suit la jubilation de l'alleluia et se chante sur le même air. Le poème latin jouait probablement un rôle de ce genre. Copié à sa suite, le poème français est comme une séquence en langue vernaculaire, permettant à qui ignorait le latin de suivre les intentions et la raison d'être de l'office. Le mot « cantilène » transpose le latin *cantilena*, qui est le terme utilisé au Moyen Âge pour désigner une chanson populaire. Or le poème conservé dans ce manuscrit savant mérite-t-il cette désignation ? Ceux pour qui on le chantait parce qu'ils étaient *illiterati* appartenaient-ils nécessairement aux classes populaires ? Le poème allemand qui le suit (ce qui n'est pas en soi si surprenant dans une région qui est une frontière linguistique) a été composé à la gloire d'un roi et copié à sa mémoire dans ce manuscrit, probablement peu après son décès, à l'initiative d'un grand personnage. La capacité de lire et d'écrire, la connaissance du latin et ce que nous appelons de façon générale la culture ne se répartissent pas au Moyen Âge selon les mêmes clivages que de nos jours. C'est une des difficultés de la question que nous traitons.

Il reste que ce premier poème français est bien éloigné, non seulement de la poésie latine classique, mais aussi de celle qui lui est contemporaine. Vingt-neuf vers, quatorze couplets de décasyllabes assonancés[1] suivis d'un octosyllabe orphelin, dont chacun enserre une brève sentence qui ne déborde pas les limites du vers et se contente d'un sujet, d'un verbe et d'un complément. Presque pas de propositions subordonnées. Exceptionnellement une relative (« Dieu qui habite dans le ciel ») ou une complétive (« Demandons à la sainte qu'elle prie pour nous »). Dans les langues nouvelles qu'étaient les langues romanes, encore raides et peu aptes à exprimer l'abstraction, comment transposer les modèles offerts par les lettres latines et les raffinements de la rhétorique, base du savoir littéraire et de son enseignement ? L'apparition même de ces langues, qui n'étaient à tout prendre que du latin appauvri, altéré et adultéré, témoignait d'une déperdition. Les langues vernaculaires dont l'existence était plus ancienne et qui ne dérivaient pas du latin, comme les langues germaniques, connaissaient elles-mêmes une situation moins différente qu'on pourrait le croire de celle des jeunes langues romanes, car elles étaient restées presque entièrement orales jusqu'à l'évangélisation, qui avait introduit l'alphabet latin. Partout, les formes de l'expression étaient trop éloignées de celles de la latinité, seul cadre de la formation intellectuelle et de l'éducation littéraire, pour que des auteurs formés aux lettres n'aient pas senti l'usage de ces langues comme un effort, et comme un effort réducteur au regard des ressources que le latin leur offrait.

1. Il y a rime si la syllabe finale de deux vers est identique. Il suffit à l'assonance que la voyelle entendue dans les deux syllabes soit la même : « table » rime avec « capable » et est en assonance avec « lave ». Cependant, l'assonance exige que les finales soient toutes deux soit féminines, soit masculines : « table » ne peut pas former une assonance avec « mal ».

La poésie du peuple

À elles seules, la versification et la syntaxe des langues romanes induisaient des effets différents de ceux produits par le latin. Commençons par le vers, parce qu'il vient toujours en premier. La prose comme mode d'expression littéraire n'apparaît que plus tard. Les poèmes homériques sont de trois bons siècles antérieurs aux débuts de la prose grecque, qui à ses débuts est elle-même rythmée. Les latins, qui connaissent la prose grecque, ne l'imitent pas tout de suite et commencent par ne cultiver dans leur langue que la poésie. Les langues romanes, apparues dans un monde familier de la prose latine, constamment pratiquée par ceux de leurs locuteurs capables de les écrire et grâce auxquels elles nous sont connues, ne produisent longtemps que des poèmes. Les premiers remontent au IXe siècle, le grand épanouissement se produit au XIIe siècle, tandis que la prose, hors cas marginaux et emplois non littéraires, ne se développe qu'au XIIIe siècle.

La versification latine repose, comme celle du grec, sur l'alternance des syllabes longues et brèves. Mais assez tôt, plusieurs siècles en tout cas avant l'apparition des langues romanes, le latin connaît, à côté de cette poésie métrique, la seule qu'il reconnaît comme telle, une poésie fondée sur le compte des syllabes, parfois assorti d'une similitude des sonorités en fin de vers, qui deviendra l'assonance et la rime. Cette poésie dite rythmique est beaucoup plus simple que l'autre. Son rythme est perceptible à tous, même à ceux qui ne parlent pas le latin élégant des classes supérieures et n'en maîtrisent pas la prononciation exacte, même à ceux dont le latin n'est pas la langue maternelle et dont l'oreille, ne percevant pas spontanément la quantité des voyelles, a du mal à distinguer les syllabes longues des brèves. C'est une poésie pour les simples. Elle sera transposée telle quelle dans les langues romanes, avec pour mètre fondamental l'octosyllabe. Bien avant leur apparition, dont elle anticipe la prononciation et incarne la continuité avec le latin parlé, elle est pratiquée dans les milieux chrétiens, comme support de la prière et de la liturgie. Dès le IVe siècle, saint Ambroise, évêque de Milan, le maître de saint Augustin, l'adopte pour composer des hymnes admirables, encore chantées aujourd'hui dans les offices monastiques.

L'Église n'a donc pas attendu d'être confrontée à la nécessité de s'adresser aux simples dans leur langue, faute de quoi elle n'aurait pu les toucher. Elle s'est approprié leur poésie, qui n'était même pas jugée digne de porter ce nom[1] : au Moyen Âge encore, certains auteurs, dans le domaine latin, réservent le terme à la poésie métrique et placent la poésie rythmique avec la prose. D'ailleurs, un certain type de poèmes liturgiques rythmiques porte le nom de prose.

Que cette poésie, à laquelle les savants refusaient ce nom mais qui chantait à l'oreille des simples, aidât à leur conversion, l'Église l'avait si bien compris qu'elle a prodigieusement favorisé son développement en la faisant entrer abondamment dans la liturgie monastique, portée par les mélodies modales que nous désignons comme le « chant grégorien » et qui connaissent une telle floraison entre le VIe et le XIe siècle. Au VIIe siècle, saint Bède le Vénérable (672-735), moine de l'abbaye de Wearmouth-Jarrow, dans le nord de l'Angleterre, l'un des esprits les plus attachants de son temps, ne dédaigne pas, à l'aube d'une œuvre immense, d'appliquer à la poésie rythmique sa réflexion et sa méditation. Il y applique sa réflexion dans son ouvrage pédagogique *De Arte metrica* (Art de la versification) avec une audace qui, un siècle plus tard, fait sourciller le savant et influent Raban Maur, abbé de

1. *Poesia dell'alto medioevo europeo : manoscriti, lingua e musica dei ritmi latini*, Fr. STELLA (éd.), Florence, Sismel, Edizioni del Galluzzo, 2000.

Fulda[1]. Il y applique sa méditation lorsqu'il conte l'histoire du poète Cædmon, pauvre berger inculte à qui la voix de Dieu inspire un poème anglo-saxon sur la Genèse, théologiquement irréprochable et d'une versification respectant impeccablement les règles de la poésie en langue vulgaire, la réunion de ces deux perfections apportant la preuve de son inspiration divine[2].

Une éloquence pour les simples

Le même souci de la conversion des fidèles guide l'orientation de la prose au sens habituel du mot, cette prose latine dont l'éloquence était la plus belle illustration. Saint Césaire d'Arles, au VIe siècle, est si attentif à prêcher dans la langue populaire que ses sermons sont pour nous un témoignage précieux sur l'évolution du latin parlé, mais aussi sur le souci pastoral d'une prédication qui cherche à toucher les simples. C'est délibérément que ce lettré, ancien moine de Lérins, théologien profond, grand lecteur de saint Augustin, dont l'œuvre inspire ses sermons, donne à sa prédication un tour familier et vivant. Cette démarche devenait de plus en plus nécessaire à mesure que le latin parlé s'éloignait de celui des clercs. Il est évident que l'outil de la pastorale le plus naturel et le plus spontanément pratiqué était la prédication. Quand nous disions que le vers précède la prose, nous parlions de la prose littéraire. Mais pour enseigner le peuple, on parlait la prose de Monsieur Jourdain.

Cela semble simple et ne l'est pas. L'éloquence politique et judiciaire était au centre de la vie publique dans la Rome

1. S. Heikkinen, *The Christianisation of Latin Metre. A Study of Bede's « De Arte metrica »*, Helsinki, Unigrafia, 2012 et « Re-classicizing Bede ? Hrabanus Maurus on prosody and meter », *Philological Quarterly* 94, 1-2, 2015, p. 1-22.

2. *Histoire ecclésiastique du peuple anglais*, livre III, chap. 24.

de la République. Sous l'Empire, elle s'est affaiblie et affadie. Mais, comme il arrive en pareil cas, elle s'est efforcée de regagner par la théorie ce qu'elle avait perdu en pratique. La réflexion sur ses règles, ses procédés, ses effets est devenue toujours plus approfondie et subtile. Sa formalisation et son enseignement ont pris une importance extrême. L'immense *Institution oratoire* de Quintilien en est l'emblème. La rhétorique, art très pratiqué depuis les sophistes adversaires de Socrate, a connu un âge d'or dans les écoles. Bien des auteurs chrétiens, à commencer par saint Jérôme et saint Augustin ou leur ancien professeur à tous deux, Marius Victorinus, l'avaient étudiée et enseignée. L'écho de cet enseignement se fait entendre dans les lettres latines du Moyen Âge. Mais ce n'est pas la prédication qui le répercute le plus. La chaire de vérité n'est pas la tribune de l'orateur.

Aussi surprenant que cela paraisse à qui se figure l'éloquence sacrée sur le modèle de ce qu'elle sera à « l'âge de l'éloquence[1] », aucune forme littéraire du Moyen Âge ne doit moins à la latinité classique que la prédication. Son modèle est moins celui de la rhétorique et de la persuasion que celui de l'exégèse et de l'argumentation. Elle relève plus de l'explication de textes que de la plaidoirie. Celle des professeurs de théologie est un prolongement de leur enseignement, dont le fondement est la logique. Celle des moines suit une voie vers l'effusion en Dieu, jalonnée par les références à l'Écriture[2]. Et les simples, dans tout cela ? Aux simples, on fait connaître et on explique simplement les passages de l'Écriture qui sont lus le dimanche et lors des grandes fêtes. Et on le fait dans leur langue, qui ne se prête au départ d'aucune façon aux pratiques rhétoriques de la latinité.

1. M. Fumaroli, *L'âge de l'éloquence. Rhétorique et « res literaria » de la Renaissance au seuil de l'époque classique*, Genève, Droz, 1980 ; Paris, Albin Michel, 1994.

2. J. Leclercq, *L'amour des lettres et le désir de Dieu. Initiation aux auteurs monastiques du Moyen Âge*, Paris, Éd. du Cerf, 1957.

Il faut en effet prêcher aux simples dans leur langue, c'est l'évidence. Césaire d'Arles le faisait déjà. Les conciles le rappellent dès le moment où la langue des simples n'est plus le latin. En 813, l'année qui précède la mort de Charlemagne, le concile de Tours invite à prêcher « en langue rustique gauloise ou teutonne », autrement dit dans la langue des paysans (*rus*, « campagne ») française ou allemande. Or cette langue, quand bien même elle le voudrait, ne peut à ce stade assimiler les procédés de l'éloquence latine. Le contraste entre la syntaxe du latin et celle du français à ses débuts est saisissant. Le latin littéraire fait se succéder les périodes fortement construites, délimitées par des bornes claires, enchaînées par des marqueurs qui en signalent l'enchaînement tout en fixant à chacune ses limites, articulées par un emboîtement de propositions subordonnées qui font de la phrase un ensemble complexe, équilibré et clos. Au contraire, la jeune langue vernaculaire pratique peu la subordination. Pas de phrases repliées sur elles-mêmes. Une succession indéfinie de propositions coordonnées, reliées par une copule (« et ») inlassablement répétée. Il est difficile de décider où la phrase s'arrête. Les éditeurs modernes de ces textes, qui y introduisent une ponctuation, absente des manuscrits ou qui n'y a pas la même nature ni la même fonction qu'aujourd'hui, trahissent cette hésitation en faisant un grand usage du point-virgule. C'est que le point-virgule marque une pause sans clore définitivement la phrase. Il faudra attendre l'âge du premier humanisme, au XIVe siècle, pour qu'un effort délibéré transpose en langue vulgaire la période latine avec son ampleur et son organisation complexe. La nature de la prose en sera profondément modifiée.

Une simplicité biblique

Mais, en dehors même des ressources soit spécifiques, soit, à leurs débuts, limitées qu'offraient les jeunes langues romanes, deux autres facteurs se rencontraient pour encourager la littérature à revêtir une coloration nouvelle donnant le sentiment de la simplicité.

Le premier était la perturbation que la Bible et le Nouveau Testament avaient jetée au sein de la rhétorique, discipline fondatrice de l'enseignement des lettres. Depuis les Pères de l'Église jusqu'à l'âge classique, le christianisme observe à la fois avec embarras et avec fierté que les livres bibliques n'obéissent pas au canon classique et que, jugés à l'aune de la rhétorique et de la poétique telles qu'Aristote, Cicéron ou Quintilien en fixent les règles ou les mettent en pratique, ils paraissent grossiers et sans art. D'un côté, on tente de montrer que, malgré les apparences, la Bible offre des exemples de toutes les formes littéraires définies par la culture païenne. C'est ce que fait saint Jérôme dans une lettre adressée à saint Paulin de Nole[1]. Il en passe tous les livres en revue et soutient que chacun est supérieur dans son ordre au savoir païen correspondant : les Nombres pour « l'arithmétique sacrée », le Deutéronome, qui « renferme la première législation », le Livre de Job, modèle de tous les genres littéraires et inventeur des règles de la dialectique. Cet effort est systématisé au VIIe siècle par Bède le Vénérable[2]. Son classement, devenu rapidement canonique, place en parallèle des œuvres de l'Antiquité et des livres de la Bible, dans les trois catégories qu'il distingue, le genre dramatique, le genre narratif et le genre mixte. Par exemple, le genre dramatique est illustré d'un côté par les *Bucoliques* de Virgile, de l'autre par le Cantique des cantiques.

Dans le même temps, cependant, on tire gloire de la sublime simplicité biblique qui préfère la vérité nue aux ornements de l'art. Dieu parle sans artifice. Saint Pierre ou saint Jean, écrit

1. Saint Jérôme, *Lettres*, t. III, lettre 53, éd. J. Labourt, Paris, Éd. Les Belles Lettres, 1953.

2. *De schematis et tropis sanctae scripturae*, dans *Patrologia Latina*, t. 90, col. 175.

saint Jérôme dans sa lettre à saint Paulin de Nole, étaient des pêcheurs ignorants. Mais l'inspiration divine l'emporte sur l'art des savants. Quel savant aurait trouvé une formulation aussi puissante et aussi subtile que « Au commencement était le Verbe et le Verbe était auprès de Dieu et le Verbe était Dieu », les premiers mots de l'évangile de Jean ? Le mot « verbe », souligne le philologue qu'est Jérôme, a en grec (*logos*) de multiples sens, que cette phrase donne exactement à comprendre. La rhétorique de saint Paul, sorte d'antirhétorique, dont les affirmations tranchantes et les retournements brutaux trahissent un esprit à la fois assuré et tourmenté, devient un modèle de l'éloquence chrétienne. La poésie, dévaluée comme un art du détour et de l'ornement, mais surtout par son assimilation à la fable, c'est-à-dire à la mythologie d'une religion de l'erreur, le paganisme, retrouve une légitimité en prétendant rechercher la simplicité et préférer au style du poète celui du prophète[1].

Le deuxième facteur qui, non seulement pouvait donner à la littérature médiévale l'apparence de la simplicité au regard de la littérature antique, mais aussi l'encourager à rechercher cette apparence était la récupération par les lettres médiévales de traditions étrangères aux formes littéraires antiques. Bien que le débat sur ces questions soit sans fin et insoluble faute de documents assurés, on peut supposer que les thèmes ou les récits d'origine germanique ou celtique présents dans les œuvres narratives du Moyen Âge étaient portés par des formes poétiques qui ont contribué à donner à la littérature médiévale en langue vulgaire sa tonalité particulière.

Une tonalité particulière : au fond, tout est là. Mais cette tonalité a-t-elle vraiment à voir avec une recherche de la simplicité ? Celle-ci est-elle volontaire ou non ? Existe-t-elle seulement, ou bien n'est-elle qu'une illusion anachronique

1. M. Zink, *Poésie et conversion au Moyen Âge*, Paris, PUF, 2003, p. 7-39 et p. 79-97.

du lecteur moderne ? L'impression d'une tonalité propre à la littérature médiévale, caractérisée par une forme de simplicité, est produite par un ensemble de traits qui nous sautent tellement aux yeux et nous frappent si fortement que nous sommes bien obligés d'en tenir compte. Car, à supposer même cette impression fausse et pure illusion d'une lecture anachronique, encore faut-il débusquer et comprendre la cause de cette illusion. À plus forte raison si elle a quelque fondement.

Ce qui nous paraît simple l'est-il vraiment ?

Ces traits qui, à tort ou à raison, nous donnent l'impression de la simplicité, nous les trouvons dans toutes les formes que prend cette jeune littérature. Nous les trouvons dans les chansons de geste, dans la poésie lyrique, dans les romans.

Dans les chansons de geste, la versification raide, les assonances en lieu de rimes, la répétition monotone de la même assonance au long de laisses parfois interminables et, bien que nous n'en ayons plus guère de traces, d'une psalmodie tout aussi répétitive, les phrases brèves et simples, aux subordinations rares, coïncidant généralement avec les limites du vers, une psychologie « comportementale » d'apparence sommaire. Dans les chansons lyriques, la ritournelle des vers courts, le retour des refrains, les onomatopées qui parfois les accompagnent ou les constituent, les paroles élémentaires des chansons à danser. Dans les romans, l'impression de vers de mirliton que donne aisément, sous les plumes les moins habiles, le couplet d'octosyllabes. Dans la poésie religieuse, morale ou prétendant livrer un témoignage personnel, les rimes en forme de calembours ou de jeux étymologiques, qui nous paraissent être sur le versant facile de la virtuosité.

Autre chose encore : chansons de geste et romans ne connaissent qu'un univers de superlatifs. On est toujours au comble du luxe, de la beauté, de l'amour, de l'horreur. Nous en concluons aisément, souvent à tort, que leur univers est sommaire et manichéen. Mais cela leur donne une coloration qui dans notre esprit est celle des contes populaires, comme aussi le ton entendu, le goût des proverbes, des dialogues en apparence convenus. Certaines chansons d'amour, particulièrement celles qui font entendre une voix féminine, nous paraissent proches de nos chansons populaires, qui sont souvent des « chansons de femmes » : *En passant par la Lorraine*, *Derrière chez nous y a un étang*, *Mon père avait cinq-cents moutons*, *Mon père n'avait fille que moi*, et tant d'autres. L'usage du refrain accentue à notre oreille ce cachet populaire. Sans même nous en rendre compte, nous faisons nôtre la vieille théorie du romantisme, qui cherche simultanément l'âme de chaque peuple dans ses premières productions poétiques et dans son art populaire, où elles sont supposées survivre sans altérations savantes.

La syntaxe des langues romanes à leur début, qui préfère, on l'a dit, l'enchaînement à la subordination, contribue, elle aussi, à donner cette impression de simplicité. Celle-ci ne coïncide pas avec le style bas de la rhétorique antique. Elle n'entre pas dans la hiérarchie des styles ni dans les catégories de cette rhétorique, que le Moyen Âge connaît pourtant. Elle est d'un autre ordre et affecte toutes les formes de la littérature. Elle n'est pas illusoire, car les traits que nous venons d'énumérer existent bel et bien. Mais le saut interprétatif risqué est de les rapporter à de « simples gens » qui seraient auteurs ou destinataires de cette littérature. Car la simplicité n'exclut ni la subtilité (et donc une complexité de la simplicité) ni un arrière-fond culturel profond. Elle n'est pas toujours spontanée. Elle est parfois délibérée et réfléchie. C'est une question si difficile que seule la lecture de textes particuliers permet, au coup par coup, de s'y reconnaître.

Un seul exemple très général, et déjà évoqué, montre la difficulté de la question. On a dit que la première prose française est une prose de la coordination et de l'enchaînement, non de la subordination et de la période ample, emboîtée, close sur elle-même, à la manière de la prose latine, et que plus tard apparaît une prose latinisante, qui est au contraire une prose du balancement, de l'amplification, du doublet, de la multiplication des propositions causales, concessives, finales, bref une prose fondée sur l'armature logique de la syntaxe. Mais cette prose savante n'est pas nécessairement plus savante que la première. Non seulement elle est pour notre goût moins efficace, parce que plus lourde, plus appuyée, plus explicite, plus redondante, et donc moins fine dans ses effets, mais encore elle est particulièrement présente et pesante dans les mises en prose des romans en vers et des chansons de geste à la fin du Moyen Âge. Or ces mises en prose sont certes une mise au goût du jour des premières formes de notre littérature narrative, un goût du jour qui uniformise les caractères particuliers de chacune de ces formes sous l'apparence d'un récit historique. Mais c'est un goût du jour conservateur, qui se soucie de garder lisibles les vieux poèmes. Ailleurs se manifeste un renouvellement plus profond des formes littéraires. La prose filandreuse des romans n'est pas une prose savante. Elle en est une imitation qui cherche à en reproduire les traits extérieurs.

Les mises en prose sont une spécialité bourguignonne. Elles forment un fonds important de la *librairie* des ducs de Bourgogne, en particulier de celle de Philippe le Bon, le plus bibliophile d'entre eux, que nous connaissons bien grâce à l'inventaire dressé à sa mort en 1467. Ce sont ces mises en prose que l'on voit ensuite se « populariser », dans tous les sens du terme, et, imprimées souvent très tôt, alimenter plus tard, sous la forme abrégée de contes, la bibliothèque bleue de Troyes et les livres de colportage. Si Charles le Téméraire l'avait emporté sur Louis XI, ce courant aurait peut-être alimenté plus longtemps la grande littérature française. Qui sait si elle n'en aurait pas reçu une coloration différente ?

Ces considérations montrent que la question peut être abordée sous deux angles. D'une part, celui des destinataires : parler aux simples gens. De l'autre, celui de la simplicité inhérente à la littérature médiévale elle-même, quel que soit son public. Simplicité complexe, car la littérature peut tirer ses effets de la simplicité sans provenir des simples ni du peuple (au contraire, elle peut, dans ces cas-là, avoir quelque chose d'endimanché et de boursouflé) et sans chercher non plus à « parler aux simples gens ». La simplicité des poèmes de Robert Desnos, de Max Jacob, de Charles Cros, de certains petits poèmes d'Apollinaire, n'est pas faite pour les simples, qu'elle déconcerterait et irriterait plutôt. Celle de Prévert se veut faite pour les simples, mais c'est une simplicité différente, sentencieuse et donneuse de leçons.

Nous voilà donc confrontés à une tâche complexe. Elle consiste à distinguer entre la littérature qui s'adresse aux simples, celle qui reproduit le langage des simples pour s'adresser aux simples, celle qui reproduit le langage des simples, mais qui ne s'adresse pas à des simples, celle qui fait parler les simples pour créer un effet de contraste avec un autre type de discours, celle qui présente des traits de simplicité pouvant être interprétés comme indices d'une origine populaire, celle qui présente des traits d'emphase ou d'imitation de la « grande littérature » pouvant être interprétés comme indices d'une origine populaire (de même que les costumes régionaux sont souvent des habits populaires du dimanche qui imitaient la mode des classes supérieures à une époque donnée et sont restés figés dans cette imitation). Bref, il faut chercher la relation entre la simplicité et les simples, en distinguant ce qui dans la simplicité renvoie aux simples de ce qui n'y renvoie pas, ce qui s'adresse aux simples de ce qui ne s'adresse pas à eux, ce qui est produit par les simples de ce qui ne l'est pas. Nous sommes ainsi ramenés à la question de la définition des termes. Quel est le vocabulaire de la simplicité au Moyen Âge et quelles sont ses connotations ? Sans surprise, on retrouve partout une ambiguïté morale et sociale.

Qui est simple ?

Cette ambiguïté est d'abord celle du mot « simple » lui-même qui, comme le mot innocent, désigne à la fois la candeur, prise en bonne part, et la bêtise. Il est élogieux appliqué à une jeune fille. Il signifie qu'elle est réservée, sans artifice, sans coquetterie. Il est associé à une timidité et à une pudeur de bon aloi. Dans *Cligès* de Chrétien de Troyes, Fénice ne veut pas prendre l'initiative de parler d'amour et encore moins déclarer la première son amour *car sinple chose / Doit estre pucele et coarde*, « car une jeune fille se doit d'être une créature simple et craintive[1] ». Dans le *Roman de la Rose*, Honte, personnification de la pudeur de la jeune fille, est dite *simple* : Honte *qui est simple e honeste*, Honte *fu humelienz et simple*, « était humble et simple[2] ». Mais une jeune fille peut aussi se défendre d'être *simple*, le mot étant alors entendu au sens de naïve et sotte. Ainsi la jeune fille méchante que Gauvain rencontre dans le *Conte du Graal* : *Par Deu, je ne sui pas si simple / Com tu cuides de la moitié*, « Par Dieu, je ne suis pas de moitié aussi naïve que tu crois[3] ». Une jeune fille trop simple est une proie trop facile, comme le montre le fabliau de *Celle qui fut foutue et défoutue pour une grue*,

1. Chrétien de Troyes, *Cligès*, v. 3791-3792, éd. et trad. Ch. Méla, Paris, Le Livre de Poche, « Lettres gothiques », 1994.
2. Guillaume de Lorris, *Le Roman de la Rose*, v. 2856, v. 3561, éd. et trad. A. Strubel, Paris, Le Livre de Poche, « Lettres gothiques », 1992.
3. Chrétien de Troyes, *Le Conte du Graal*, v. 6792-6793, éd. et trad. Ch. Méla, Paris, Le Livre de Poche, « Lettres gothiques », 1990.

que je me garderai de raconter. Mais dans ce domaine, un homme trop simple est bien pire : lui, il est « sot » comme le « sot chevalier » du fabliau éponyme de Gautier le Leu, qui ne sait ce qu'il doit faire avec sa femme jusqu'à ce que sa belle-mère l'en instruise.

S'agissant cette fois d'un homme aussi bien que d'une femme, *simple* s'applique à la bienveillance et la simplicité des manières à l'égard des inférieurs : la comtesse de Ponthieu, à qui Gerbert de Montreuil dédie son *Roman de la Violette ou de Gérard de Nevers* « est sage et simple et sans orgueil[1] ». C'est aujourd'hui le seul contexte dans lequel *simple* désigne encore une qualité morale : avoir des manières simples, ne pas faire sentir sa supériorité, ne pas en écraser les autres, etc. Et encore : la supériorité que donne le rang, la fortune, la situation nous paraît si peu légitime que cet emploi dans notre bouche est souvent ironique : « C'est un homme très simple », « Il n'est pas fier ».

Simple peut aussi désigner une attitude mentale et morale, celle de celui qui se livre tel qu'il est et qui est pur de toute duplicité. Qui joue un rôle, porte un masque. Il est double, et non pas simple. Cette simplicité-là est, par excellence, celle qui convient à la prière et plus encore à la pénitence. Ainsi, Perceval, après ses années d'errance et d'erreur, dans la chapelle de son oncle ermite : *Et li boens hom a lui l'apele / Qui molt le vit simple et plorant*, « Et le saint homme l'appelle à lui, en voyant sa sincérité et ses pleurs[2] ». Même les païens, quand ils offrent à leurs idoles prières et sacrifices, cherchent à

1. Gerbert de Montreuil, *Le Roman de la Violette ou de Gerart de Nevers*, v. 51, éd. D. Labaree Buffum, Paris, SATF, 1928.

2. Chrétien de Troyes, *Le Conte du Graal*, v. 6276-6277, éd et trad. Ch. Méla. La traduction de « simple » par « sincère » est exacte. Les larmes sont la preuve de la sincérité du repentir et écartent le soupçon de duplicité de la part du pénitent. Cette conviction fait partie de la doctrine de la pénitence telle qu'elle s'élabore à cette époque.

présenter un visage « simple », humble et sans fard, pour être exaucés. Ainsi, au début du *Roman de Brut* de Wace, Brutus, le petit-fils d'Énée, adressant sa prière à Diane : *Par noef feiz fist ceste preiere / Od basse voiz, od simple chiere*[1], « Il lui adressa par neuf fois cette prière, à voix basse, d'un air simple ». Ou encore, dans le *Roman de Troie* de Benoît de Sainte-Maure, Pâris, après avoir enlevé Hélène : *Un sacrefise apareilla / A la deuesse Dïana / A la troïenne maniere / O simple vout e o preiere* (*Troie*, v. 4294)[2], « il prépara un sacrifice pour la déesse Diane à la manière des Troyens, d'un visage simple et en prière ».

Enfin, *simple* s'applique aux personnes d'humble condition dont on considère que leurs ressources intellectuelles sont limitées, soit par manque d'instruction, soit par faiblesse d'esprit. Là encore, tous les critères sont mêlés. Le mot peut être employé, soit en bonne part, avec sympathie, soit en mauvaise part, si on insiste sur une stupidité coupable. Et là encore, c'est la valorisation de la simplicité chrétienne qui fait la différence. Vers la fin du XIIe siècle, l'auteur du long sermon en vers *Adam fit grand mal* se justifie d'écrire en « roman », en langue vulgaire romane, en spécifiant qu'il s'adresse aux illettrés et que les lettrés ont à leur disposition assez d'ouvrages écrits pour eux :

A la simple gent	Pour les simples gens
Ai fait simplement	j'ai fait simplement
Un simple sarmun.	un sermon simple.
Nel fis as letrez	Je ne l'ai pas fait pour les lettrés,
Car il unt assez	car ils ont en abondance
Escritz e raisun.	ouvrages écrits et matière à réflexion.
Por icels enfanz	Pour ceux-là qui sont des enfants

1. V. 668, éd. I. Arnold, *Le Roman de Brut de Wace*, t. I, Paris, SATF, 1888.

2. V. 4294, éd. L. Constans, *Le Roman de Troie de Benoît de Sainte-Maure*, t. I, Paris, SATF, 1904.

Le fiz en romanz,	illettrés,
Qui ne sunt letrez ;	je l'ai fait en roman ;
Car miex entendrunt	ils comprendront mieux
La langue dunt sunt	la langue dont ils ont l'habitude
Dés enfance usez[1].	depuis l'enfance.

Explications bien longues où transparaît l'embarras qu'éprouve l'auteur à écrire pour les simples et dans leur langue une œuvre indigne des savants.

Au début du XIIIe siècle, le moine bénédictin Gautier de Coincy, prieur de Vic-sur-Aisne, puis de Saint-Médard de Soissons, qui écrit une grande et magnifique collection de *Miracles de Notre Dame* en vers français, souligne avec conviction, mais aussi une ombre de condescendance, que le manque de subtilité ne nuit nullement à la qualité de l'âme :

Nou di pour ce qu'aussi bone ame	Je ne le dis pas parce qu'un homme simple et une femme simple
N'ait symples hom et symple fame	n'auraient pas une âme aussi belle, s'ils le méritent,
Com li soutilz, s'il le desert[2].	qu'un esprit subtil.

Qu'il y ait une sainteté des simples et que Dieu soit indulgent même à leur ignorance du latin, c'est une vérité dont chacun est convaincu, mais dont on ne finit pas de s'étonner. On y voit une de ces vérités paradoxales, dont les évangiles regorgent. Un conte en vers un peu antérieur à Gautier de Coincy met en scène un simple empli de l'amour de Dieu et dont la ferveur

1. *Grant mal fist Adam*, ms. 19525 de la BnF, f. 50r. c.

2. V. FRÉDÉRIC KOENIG (éd.), *Les Miracles de Nostre Dame par Gautier de Coincy*, t. IV, *D'une fame qui fu delivree du feu a Loon* (D'une femme qui fut sauvée du feu à Laon), v. 741-743, Genève, Droz, 1970, p. 293.

est extrême. Il trouve sa joie à répéter en boucle la seule prière qu'il connaisse et qui est : *Miserere tui, Deus.* Un ermite entreprend de lui expliquer qu'il ne faut pas dire *Miserere tui, Deus* (« Prends pitié de toi, mon Dieu »), mais *Miserere mei, Deus* (« Prends pitié de moi, mon Dieu »). Le simple parvient, après bien des efforts, à retenir cette formulation qui le déroute. Mais quelques jours plus tard, l'ermite le voit revenir, triste et inquiet. Cette nouvelle formulation le trouble, lui enlève toute la joie qu'il trouvait en Dieu. L'ermite lui permet de revenir à sa prière habituelle, comprenant que Dieu s'intéresse plus à la pureté du cœur qu'à la correction du latin[1].

On n'en finirait pas d'égrener les contes médiévaux qui exaltent la sainte simplicité. Nous avons déjà rencontré Cædmon, le berger de l'abbaye de Whitby, non seulement illettré, bien sûr, mais simple au point de ne pouvoir même chanter en s'accompagnant de la petite harpe celtique, comme en était capable le moindre berger, et qui, sous l'inspiration divine, a la révélation du contenu de la Bible et la traduit en vers. Tout le monde connaît, à travers les adaptations modernes du conte, le jongleur de Notre Dame, qui, devenu frère lai dans un monastère, honteux d'être trop ignorant pour pouvoir servir et louer Dieu et sa mère comme les moines savants qui l'entourent, ne trouve à offrir à la statue de la Vierge que la seule chose qu'il sache faire, ses sauts périlleux. Au moment où l'abbé, qui l'a surpris, va le punir de son irrévérence, il voit la statue essuyer de son voile son visage en sueur ou, dans une autre version, le recueillir dans ses bras au moment où il allait s'écraser sur le pavement[2].

1. *Del simple qui fu saus par Miserere* (« Le simple qui fut sauvé par Miserere »), éd. F. LECOY, *La Vie des Pères*, t. I, Paris, SATF, 1987, p. 91-103. Voir M. ZINK, *Miserere tui*, dans *Le Jongleur de Notre Dame. Contes chrétiens du Moyen Âge*, Paris, Éd. du Seuil, 1999, p. 191-194.

2. *Del Tombeor de Nostre Dame*, éd. E. LOMMATZSCH, Berlin, 1920. Voir A. FRANCE, « Le Jongleur de Notre Dame », dans *L'Étui de nacre* (1892), éd. M.-Cl. BANCQUART, *Anatole France. Œuvres*, Paris, Gallimard,

Les exemples sont innombrables. Villon prête à sa mère cette simplicité dévote dans la ballade fameuse qu'il met dans sa bouche pour prier Notre Dame :

Femme je suis, povrecte et ancïenne,
Qui riens ne sçay : oncques lettres ne leuz (lus).

Mais que la simplicité ne cherche plus à honorer Dieu, et elle est aussitôt condamnée : *Trop est simples qui cuidet ke Deus teil mal oblie*, « Il est vraiment simple (borné, stupide), celui qui s'imagine que Dieu oublie un tel méfait[1] ». Rien d'élogieux dans la mention de la *simple vieillote*, bien innocente pourtant, qui prend à la lettre le conseil de graisser la patte du juge pour gagner son procès et va lui frotter la main d'une couenne de lard[2]. Sitôt oubliée la simplicité évangélique, le simple n'est qu'un sot et la connotation sociale de la simplicité est prise en mauvaise part. Le berger est au plus bas de l'échelle sociale. C'est le plus simple des simples. Il est simple comme les bêtes avec lesquelles il vit. Certes, ce sont des bergers qui, parce qu'ils étaient des bergers, ont été les premiers informés de la naissance du Sauveur et sont arrivés à la crèche avant les savants Rois mages. Mais, hors de ce contexte religieux, le mot même de *berger* est, au Moyen Âge, fréquemment synonyme de stupide. « Sembler berger » ou « ne pas sembler berger » signifie avoir ou ne pas avoir l'air bête. C'est une injure : *Cuidiés vos ore que nos soions berchier ?*, « Est-ce que vous nous prenez pour des bergers ? », *Cuidiez me vos avoir trové berchier ?*,

Bibliothèque de la Pléiade, t. I, 1984, p. 918-923 ; M. Zink, *Le Jongleur de Notre Dame. Contes chrétiens du Moyen Âge*, 1999, p. 48-51.

1. *Le Poème moral*, éd. A. Bayot, Bruxelles – Liège, Palais des Académies, 1929, 253d.

2. Barthélémy, dit le Reclus de Mollien, *Le Roman de Charité*, 14, 3 : *Li romans de Carité et Miserere du Renclus de Molliens*, éd. A. G. Van Hamel, Paris, 1855.

« Pensiez-vous trouver en moi un berger ? »[1]. Les bergers sont proches des bêtes, ils sont bêtes, « bêtes à manger du foin ». « Faire herbe paître », au sens de « faire avaler n'importe quelle fadaise », est une expression fréquente. Que les simples gens, dit Gautier de Coincy, se méfient des beaux parleurs :

Cil clergaistre sermoneür	Ces espèces de clercs sermonneurs
Sont tuit si fort tribouleür	Sont si habiles à vous embobiner
Qu'erbe font paistre a symple gent[2].	qu'ils font brouter de l'herbe aux simples gens.

Maître Pathelin, dans la farce éponyme, permet au berger Thibaut l'Agnelet de gagner son procès en lui faisant jouer à la lettre le rôle du « berger » qui ne connaît d'autre langage que celui de ses moutons : il bêle en réponse à toutes les questions.

Mais ce berger-là n'est pas simple, puisqu'il est capable de duplicité, et qu'il le montre en continuant à faire le « berger » quand l'avocat lui réclame ses honoraires. C'est qu'on montre souvent la simplicité des basses classes de la société associée à une rouerie exaspérante et à un art, qui l'est plus encore, de faire de l'ignorance et de l'incompréhension un retranchement inaccessible à tous les arguments et qui permet de le prendre de haut avec le savant et le puissant.

Bref, en latin comme en français, le vocabulaire de la simplicité est en lui-même péjoratif. Il reflète le sentiment de supériorité intellectuelle et sociale de ceux qui l'emploient. Mais, comme toujours au Moyen Âge, l'inversion chrétienne des valeurs est toujours prête à en inverser le sens. L'infériorité

---

1. *Aliscans*, éd. Cl. Régnier, Paris, Champion, CFMA, 1990, t. I, v. 1973 et t. II, v. 7717.

2. V. Frédéric Koenig (éd.), *Les Miracles de Nostre Dame par Gautier de Coincy*, t. IV, *Comment la fiertre fu boutee hors de l'eglyse* (Comment la châsse fut sortie de l'église), v. 67-69, p. 86. Voir p. 120 un autre emploi de l'expression populaire « faire herbe paître ».

du simple est aux yeux de Dieu une supériorité : *sancta simplicitas*. Sa supériorité aux yeux de Dieu est une infériorité aux yeux des hommes. *Benêt*, qui apparaît assez tard en moyen français, vient de *benedictus* : bénis les simples, mais ce sont des benêts. Agata Sobczyk, après l'avoir rappelé, ajoute que *crétin* vient de *christianus*, mais cette étymologie, qui a en effet été proposée, ne semble pas la plus vraisemblable[1].

On voit bien d'ailleurs dès le Moyen Âge l'ambivalence du traitement des simples au regard de la question de leur salut. Le fabliau de Rutebeuf *Le pet au vilain* étend le mépris des vilains à l'autre monde[2]. Un diable débutant est envoyé recueillir l'âme d'un vilain en train de mourir d'une indigestion. Persuadé qu'un vilain ne rend pas son âme par la bouche, mais par l'autre extrémité de son corps, il recueille dans son sac un énorme pet, qui a pour effet de guérir le vilain. L'enfer s'en trouve si empesté que Satan décide qu'il n'accueillera jamais plus l'âme d'un vilain. Exclus de toute façon du paradis, les vilains le sont aussi de l'enfer. Ce fabliau, qui ne prétend pas au statut de chef d'œuvre, se veut purement comique. Il est en continuité avec les fréquentes plaisanteries scatologiques dont les vilains sont l'objet, comme dans le fabliau *De la crotte* ou dans l'apologue *Des chevaliers, des clercs et des vilains*[3]. Mais Rutebeuf est délibérément provocant. Pour un fabliau comme le sien, on trouve dix récits qui font de la *sancta simplicitas* et de la bassesse de la condition sur terre le chemin du salut. Rutebeuf sait parfaitement qu'il va à l'encontre de l'enseignement de l'Église touchant les états du monde, c'est-à-dire les différents

1. A. Sobczyk, *Les Jongleurs de Dieu. Sainte simplicité dans la littérature religieuse de la France médiévale*, Łask, Oficyna Wydawnicza Leksem, 2012.

2. Éd. et trad. M. Zink, *Rutebeuf. Œuvres complètes*, 2e édition revue et mise à jour, Paris, Le Livre de Poche, « Lettres gothiques », 2005, p. 63-69.

3. Éd. J. Batany, dans *Français médiéval*, Paris, Bordas, 1972, p. 207.

statuts à l'intérieur de la société, rang dans la société ou dans l'Église, activité professionnelle, statut marital, etc. Cet enseignement est, par exemple, vulgarisé dans l'*Elucidarium* d'Honorius Augustodunensis[1] ou, en français, vers 1170, dans *Le Livre des manières* d'Étienne de Fougères. Pour l'un comme pour l'autre, chacun des autres états est la proie d'un vice particulier et seuls les paysans, par leur état même, sont sur la voie du salut. Honorius le dit clairement et brièvement :

> L'élève – Qu'en est-il des paysans ?
> Le maître – La plupart sont sauvés, parce qu'ils vivent simplement et qu'ils nourrissent le peuple de Dieu par leur sueur, comme il est dit : « Bienheureux ceux qui mangent le produit du travail de leurs mains (Ps. 127, 2) »[2].

Étienne de Fougères, pourtant lui-même un grand personnage, évêque de Rennes, conseiller du roi d'Angleterre Henri II Plantagenêt, est plus virulent. Après avoir dénoncé les vices des divers états (les prélats sont cupides, les prêtres simoniaques, les moines luxurieux, les marchands voleurs, les chevaliers violents et pillards), il décrit longuement la dure condition du paysan, seule à mettre sur la voie du salut par sa condition même, parce que le paysan travaille et produit pour les deux autres ordres tout en vivant lui-même pauvrement :

Terres arer, norir aumaille :	Labourer la terre, s'occuper du bétail :
Sor le vilain est la bataille,	tout le fardeau retombe sur le vilain,

1. Voir précédemment, p. 11.
2. *Discipulus – Quid de agricolis ? Magister – Ex magna parte salvantur, quia simpliciter vivunt et populum Dei suo sudore pascunt, ut dicitur : « Labores manuum qui manducant beati sunt »* (Ps. 127, 2). Livre II, questions 60 et 61, éd. Y. Lefèvre, *L'Elucidarium et les lucidaires*, Paris, De Boccard, 1954, p. 428-429.

Quar chevalier et clerc sanz faille	car assurément chevaliers et clercs
Vivent de ce quë il travaille[1].	vivent de son travail.

Mais les termes et les catégories se mélangent facilement. Car le vilain, le paysan, ne se confond pas avec le simple. Il n'est pas non plus toujours un pauvre, mais à vrai dire le simple non plus : celui du conte *Miserere* de la *Vie des Pères* vend tous ses biens et en distribue le produit aux pauvres avant de se faire ermite[2]. Non seulement le vilain n'est pas nécessairement un pauvre, mais encore le type littéraire du vilain, dans les fabliaux, dans le *Roman de Renart*, dans les chansons de la « mal mariée » à un vilain, est presque toujours riche. Il est grossier, épais, avare ; il est jaloux, soupçonneux, impuissant. Mais il est riche. Il est bête sans être simple. Au contraire, qu'il soit pauvre ou non, ce qui est sans importance, le simple est l'homme du dépouillement. Sa simplicité intellectuelle, voire sa sottise aux yeux du monde, sont la conséquence ou l'apparence de ce dépouillement. Dans les contes de la *Vie des Pères*, un homme court après les voleurs qui ont vidé sa maison pour leur remettre un objet qu'ils ont oublié d'emporter. Un autre, dont l'ennemi arrache les poireaux à mesure qu'il les repique, ayant fini de les repiquer, vient l'aider à les arracher. Leur comportement absurde en fait des simples d'esprit aux yeux du monde, mais les met en conformité avec l'enseignement de l'Évangile, qui dit de tendre la joue gauche à qui vous frappe la joue droite et de donner en supplément votre manteau à celui qui vous demande votre tunique.

Par contraste avec le précepte évangélique et par contraste surtout avec le précepte courtois de prodigalité, le vilain est

1. Étienne de Fougères, *Le Livre des manières*, éd. R. A. Lodge, Droz, 1979, v. 677-680.
2. Voir précédemment, p. 40.

l'homme de la cupidité et de l'avarice. Il est l'homme de la possession :

Vilains, cuidiez vos tout avoir,	Vilain, vous pensiez tout avoir pour vous,
Et belle dame et grant avoir ?	et belle femme et riche avoir[1] ?

Il préfère l'argent à l'amour, qui est don de soi. Il veut sa femme pour lui seul, parce qu'elle est son bien. Il est jaloux et il est trompé comme il le mérite. C'est sa raison d'être dans les fabliaux et les chansons. Si l'on préfère un registre littéraire plus relevé, qu'on pense à l'entrée en matière du *Chevalier au Lion* de Chrétien de Troyes. À la cour du roi Arthur, chevaliers et dames parlent des tourments et des joies qu'éprouvent les disciples d'amour :

Mais or y a molt poi des siens,	Mais il reste aujourd'hui très peu de ses fidèles,
[...]	[...]
Car chil qui soloient amer	car ceux qui autrefois faisaient profession d'aimer
Se faisoient cortois clamer	méritaient qu'on les appelât courtois,
Et preu et largue et honorable :	vaillants, généreux, honorables.
Or est Amours tournee a fable	Mais à présent Amour est matière à fiction,
Pour chou que chil qui riens n'en sentent	parce que ceux qui n'en ressentent rien
Dient qu'il ayment, mes il mentent ;	disent qu'ils aiment, mais ils mentent ;
Et chil fable et mençonge en font	et ils en font un objet de fable et de mensonge,

1. K. Bartsch, *Altfranzösische Romanzen und Pastourellen*, Leipzig, 1870, I, 25.

Qui s'en vantent et droit n'i ont.	ceux qui se vantent d'aimer sans y avoir droit.
Mais pour parler de chix qui furent	Mais afin de parler de ceux qui furent jadis,
Laisson chix qui en vie durent,	laissons de côté ceux qui sont encore en vie,
Qu'encor vaut mix, che m'est avis,	car mieux vaut, me semble-t-il,
Un courtois mort c'uns vilains vis.	un courtois mort qu'un vilain vivant[1].

L'opposition entre courtois et vilains n'est pas dans ce passage une distinction sociale : elle repose sur la capacité d'aimer sincèrement. Or l'amour vrai exige courage, générosité et sens de l'honneur : tout ce qui manque au vilain, qui calcule petitement, prudemment, sordidement son profit et qui dissimule pour parvenir à ses fins par la ruse, autrement dit, qui est tout sauf simple.

Pour être honnête, il faut reconnaître que le véritable intérêt de ce célèbre passage est ailleurs. Il est dans l'argument dont Chrétien se sert pour définir la vérité romanesque et se justifier de raconter une histoire merveilleuse située dans un passé reculé. Cette histoire lointaine et incroyable est plus vraie que le quotidien dont nous faisons chaque jour l'expérience. Un roman d'amour situé au temps du roi Arthur est plein de vérité, puisque l'amour en ce temps-là était vrai. C'est le monde dans lequel nous vivons qui est un monde sans vérité, puisque l'amour y est mensonger.

Chrétien est loin d'être lui-même un simple. Il l'est si peu qu'il déploie des trésors de subtilité dès qu'il traite de la simplicité, notion qui est loin de lui être étrangère. Nous le retrouverons donc, mais plus tard.

1. Chrétien de Troyes, *Le Chevalier au Lion*, v. 18-32, éd. et trad. Ch. Méla, Paris, Le Livre de Poche, « Lettres gothiques », 1994.

UN SENS POUR LES SIMPLES

Pour l'instant, nous en sommes encore à examiner les conditions dans lesquelles la pastorale, en s'adressant aux simples, n'a pu faire autrement que d'avoir recours à leur langue, en en favorisant du même coup le développement. Mais d'abord, l'emploi de cette langue par des lettrés, ou du moins des personnes qui n'appartiennent pas elles-mêmes à la catégorie des simples, révèle l'idée que l'on se fait des simples et de ce qui est à leur portée.

Un exemple magnifique en est offert par la première pièce de théâtre, si cette expression anachronique peut être employée, dans laquelle on trouve quelques mots en langue vulgaire. Il s'agit du drame liturgique que l'on appelle le *Sponsus*, « L'époux ».

Dès l'époque carolingienne, la liturgie glisse vers le théâtre avec le « drame liturgique », sorte d'excroissance théâtrale, et surtout musicale, brodant sur la liturgie du jour. Un vestige de cette dramatisation de la liturgie subsiste aujourd'hui dans la lecture dialoguée de la Passion le dimanche des Rameaux. La première ébauche du drame liturgique est le *Quem quaeritis ?* (« Qui cherchez-vous ? »), joué le dimanche de Pâques, à partir de l'Évangile qui montre les saintes femmes trouvant le tombeau vide. C'est un très bref dialogue en trois répliques. Le voici intégralement :

Question. Qui cherchez-vous dans le sépulcre, ô fidèles du Christ ?

Réponse. Jésus le Nazaréen, le crucifié, ô habitants du ciel.
Les anges. Il n'est pas ici. Il est ressuscité comme il l'avait annoncé. Allez annoncer qu'il est ressuscité du sépulcre[1].

La question *Quem quaeritis ?* vient, sous cette forme, de l'évangile apocryphe de Pierre. Dans Matthieu, la réponse précède la question et l'ange dit aux femmes : « Je sais bien que vous cherchez Jésus le crucifié. Il n'est pas ici, car il est ressuscité » ; dans Luc, la question est : « Pourquoi cherchez-vous le vivant parmi les morts ? » ; dans Marc : « C'est Jésus de Nazareth que vous cherchez, le crucifié : il est ressuscité. » ; dans Jean, c'est le Christ lui-même qui apparaît à Marie-Madeleine. Le texte choisi par le drame liturgique condense de façon brève et pédagogique la situation et la révélation. La « mise en scène » était plus que sommaire et le rôle des saintes femmes tenu évidemment par des hommes, des moines. Plus tard, les drames liturgiques se sont étoffés et étendus à d'autres fêtes (Noël), à l'illustration d'autres lectures liturgiques (paraboles), à des vies et à des miracles des saints.

Mais à ce stade, le drame liturgique ne relève que partiellement du théâtre. Son intérêt et son originalité sont surtout musicaux. Et c'est un « spectacle » interne au monastère, inaccessible aux laïcs, puisqu'il est en latin. Il ne pouvait avoir ni une grande diffusion ni une grande fécondité littéraire. Le passage à la langue vulgaire a donc été un pas décisif.

Ce pas, le *Sponsus* (« L'époux ») commence à le franchir au XIe siècle. Cette pièce, tirée de la parabole des vierges folles et des vierges sages, est déjà élaborée, assez longue, qui brode un peu autour du récit de la parabole et qui surtout, pour

1. Interrogatio. *Quem quaeritis in sepulchro, o Christicolae ?* – Responsio. *Jesum Nazarenum crucifixum, o coelicolae.* – Angeli. *Non est hic. Surrexit sicut praedixerat. Ite, nuntiate quia surrexit de sepulchro.*

la première fois, n'est pas entièrement en latin : quelques répliques sont en langue romane, précisément en occitan. Or l'introduction de la langue vulgaire revêt ici un sens très précis eu égard à la nature particulière de la parabole, et pour le montrer je suis obligé d'entrer un peu dans le détail. Voici d'abord la parabole :

> Alors il en sera du Royaume des Cieux comme de dix vierges qui s'en allèrent, munies de leurs lampes, à la rencontre de l'époux. Or cinq d'entre elles étaient sottes et cinq étaient sensées. Les sottes, en effet, prirent leurs lampes, mais sans se munir d'huile, tandis que les sensées, en même temps que leurs lampes, prirent de l'huile dans des fioles. Comme l'époux se faisait attendre, elles s'assoupirent toutes et s'endormirent. Mais à minuit, un cri retentit : « Voici l'époux ! Sortez à sa rencontre ! » Alors toutes ces vierges se réveillèrent et apprêtèrent leurs lampes. Et les sottes dirent aux sensées : « Donnez-nous de votre huile, car nos lampes s'éteignent. » Mais celles-ci leur répondirent : « Il n'y en aurait pas assez pour nous et pour vous ; allez plutôt chez les marchands et achetez-en pour vous. » Elles étaient parties en acheter quand arriva l'époux : celles qui étaient prêtes entrèrent avec lui dans la salle des noces, et la porte se referma. Finalement, les autres vierges arrivèrent aussi et dirent : « Seigneur, Seigneur, ouvre-nous ! » Mais il répondit : « En vérité je vous le dis, je ne vous connais pas ! » Veillez donc, car vous ne savez ni le jour ni l'heure[1].

Cette parabole se trouve au milieu d'une série d'autres (parabole du majordome, parabole des talents) qui illustrent toutes cette formule : « Veillez donc, car vous ne savez ni le jour ni l'heure. » Elles invitent à être toujours prêts, éveillés, vigilants dans l'attente du Seigneur, parce que chacun ne sait ni le moment de sa propre mort ni celui de la fin du monde et du Jugement dernier, dont l'évocation conclut le passage, immédiatement après la parabole des vierges folles et

1. Matthieu 25, 1-13.

des vierges sages. Mais il n'a pas échappé aux exégètes qu'en réalité, cette parabole n'illustre pas cette leçon, puisque ces vierges ont toutes dormi, les sages aussi bien que les folles. On a donc proposé une interprétation plus complexe, expliquant que l'huile représente la charité, l'amour dont le chrétien doit toujours brûler et dont il faut toujours alimenter le feu qui ne doit jamais s'éteindre.

Revenons au *Sponsus*, à notre drame liturgique du XIe siècle[1]. Celui qui comprend les deux langues, le latin et la langue vulgaire, y trouve l'ensemble de cet enseignement : l'invitation à la vigilance (*Adest Sponsus qui est Christus / – Vigilate, virgines !*, « Voici l'Époux qui est le Christ / – Veillez, vierges ! »), mais aussi la réflexion sur l'amour dont doit brûler celui qui veut être admis dans la compagnie de l'époux. Quant au *laicus*, à l'*illitteratus*, qui ne comprend que la langue vulgaire, il peut, bien que toutes les répliques en latin lui échappent, suivre le déroulement de la pièce et en tirer un sens cohérent. Mais ce sens est limité au « Veillez, car vous ne savez ni le jour ni l'heure », leçon sur laquelle se concentre et en vue de laquelle s'organisent les répliques en langue vulgaire, qui ainsi donnent à entendre la même pièce et une pièce différente. Cette leçon est scandée par l'avertissement de l'ange Gabriel « Gaire noi dormet ! » (Ne dormez guère !) :

Oiet, virgines, *aiso que vos dirum !*	Écoutez, *vierges,* ce que nous vous dirons !
Aiseet presen que vos comandarum !	Partez dès que nous vous le commanderons !

1. Éd. D'A. S. Avalle, *Sponsus. Dramma delle Vergini prudenti e delle Vergine stolte.* Testo musicale ed. R. Monterosso, Milan – Naples, 1965. L.-P. Thomas, « La versification et les versions douteuses du *Sponsus* (texte roman) », dans *Romania* 53, 1927, p. 43-91 et *Le Sponsus, mystère des vierges sages et des vierges folles*, Paris, PUF, 1951.

Atendet Sponsum, *Jhesu salvaire a nom*	Attendez *l'Époux,* il a nom Jésus sauveur,
– *Gaire noi dormet !* –	– Ne dormez guère ! –
Aisel espos que vos hor atendet.	Cet époux que vous attendez maintenant[1].

Elle est scandée, cette leçon, par le regret des vierges folles « Dolentas, chaitivas, trop i avem dormit ! » (« Malheureuses, misérables, nous avons trop dormi ! »), par le reproche en écho des marchands et des vierges sages, « Dolentas, chaitivas, trop i avet dormit ! » (« Malheureuses, misérables, vous avez trop dormi »). La réplique finale, dans la bouche du Christ, c'est-à-dire de l'époux, est bilingue et répartit entre les deux langues le double enseignement de la parabole. Il réserve au latin une allusion à son sens allégorique et se permet un jeu poétique (*perdunt* – *pergunt,* « perdent » – « parviennent »). Il profère en langue romane, à l'intention des simples fidèles, qu'il faut impressionner, les imprécations et la terrible menace de l'enfer illustrée pour finir par un jeu de scène spectaculaire :

CHRISTUS	LE CHRIST
Amen dico, vos ignosco	*En vérité je vous le dis, je ne vous connais pas,*
Nam caretis lumine,	*Car vous n'avez pas de lumière ;*
Quod qui perdunt, procul pergunt	*Ceux qui la perdent restent éloignés*
Huius aule limine.	*Du seuil de ce palais.*
Alet, chaitivas, alet, malaüras !	Allez, misérables, allez, malheureuses !
A tot iors mais vos so penas livreas	À tout jamais les tourments sont votre partage :

1. Le texte original mélange les deux langues : nous faisons figurer en italique le latin, en romain l'occitan.

In infernum ora seret meneias !	Vous allez à l'instant être emmenées *en enfer !*
(*Modo accipiunt eas demones, et*	(*À ce moment-là, les démons les saisissent, et*
precipitentur in infernum !)	*qu'elles soient précipitées dans l'enfer !*)

Bref, avec un véritable sens pédagogique, la pièce recèle une leçon complexe pour ceux qui comprennent les deux langues, mais délivre une leçon simple à ceux qui ne comprennent que la langue vulgaire. Aux savants, les tirades et l'argumentation en latin. Pour les simples, dans leur langue, une injonction élémentaire et l'efficacité d'une poésie faite de répétitions et d'échos, où la répétition scandée, psalmodiée des mêmes vers, imposait à l'esprit et au cœur l'urgence de veiller dans l'attente du Seigneur.

LES RÉFLEXIONS DE JACQUES DE VITRY

La nécessité de parler simplement aux simples s'imposait d'abord et surtout aux prédicateurs : elle était la condition de l'évangélisation[1]. Elle s'exprime de façon emblématique dans le canon du concile de Tours de 813 déjà évoqué précédemment et dans quelques autres. Les sermons au peuple la mettent en pratique de diverses manières, comme nous le verrons. Mais on la trouve aussi explicitée et comme théorisée dans des traités ou des manuels de prédication, dans des recueils de sermons modèles ou exemplaires. Le prologue des *Sermones vulgares vel ad status* de Jacques de Vitry, recueil très important et très diffusé d'une personnalité marquante de son temps, lui consacre une réflexion particulièrement approfondie et attentive

Jacques de Vitry (vers 1165 – 1240), sans doute champenois, a étudié la théologie à Paris. Il a été toute sa vie un proche du brillant et puissant Hugues de Pierrepont, prince évêque de Liège de 1200 à 1229. En 1208, Jacques

1. Une partie de ce chapitre et quelques éléments du chapitre « Prêcher sur une chanson à danser » sont repris de mon article « Prêcher aux simples gens selon Jacques de Vitry. Un discours de la méthode », dans *Fleur de clergie. Mélanges en l'honneur de Jean-Yves Tilliette*, éd. O. Collet, Y. Foehr-Janssens et J.-Cl. Mühlethaler, avec la collaboration de P. Deleville, Genève, Droz, 2019, p. 517-535.

de Vitry rencontre au prieuré augustinien d'Oignies la mystique Marie d'Oignies (1177 – 1213), dont il devient le confesseur et dont il écrit la vie. En 1216, il est nommé évêque de Saint-Jean d'Acre. De retour en Europe à la fin des années 1220, il est fait cardinal évêque de Tusculum.

En dehors de sa *Vie de Marie d'Oignies* (*Vita beatae Mariae Ogniacensis*), son œuvre est constituée par des lettres, une *Historia Hierosolimitana abbreviata* (« Brève histoire de Jérusalem ») dont la première partie, dite *Historia orientalis*, a connu un grand succès, et surtout (c'est ce qui nous intéresse ici) de très nombreux sermons, qui ont fait sa gloire et sont conservés dans une multitude de manuscrits. Dès le début des années 1210, il était réputé comme prédicateur, et particulièrement comme prédicateur populaire. Plusieurs auteurs du temps, comme les dominicains Thomas de Cantimpré et Humbert de Roman, disent avoir été émus par sa prédication et en garder un souvenir très vif. Ses sermons sont groupés et organisés en recueils correspondant aux diverses circonstances de la prédication : 193 *Sermones de tempore* (sermons pour les dimanches et les fêtes couvrant l'ensemble de l'année liturgique) ; 105 *Sermones de sanctis* (sermons sur les saints) ; 75 *Sermones vulgares vel ad status* (sermons populaires ou aux états du monde), dont l'abbé Jean Longère a entrepris de donner une admirable édition[1].

Tous ces sermons ont été soigneusement et tardivement écrits, probablement dans les dix dernières années de la vie de leur auteur. Ce ne sont pas des *reportationes* (notes prises à l'audition) de sermons réellement prononcés, comme celles que nous ont conservées, pour plusieurs années du XIIIe siècle, les sermons universitaires parisiens. Ce sont des

1. J. Longère (éd.), *Iacobi de Vitriaco Sermones vulgares vel ad status. Prologus I – XXXVI*, Turnhout, Brepols,
2013, *Corpus Christianorum* 255.

sermons modèles composés comme une œuvre littéraire par un vieux prédicateur illustre et riche de son expérience.

La formule même de *Sermones vulgares vel ad status* retient l'attention. Elle fait apparaître la confusion ou l'imbrication entre la nature du sermon et celle de ses destinataires. En quoi ces sermons sont-ils *vulgares* ? Non par la langue : ils sont en latin comme les autres sermons de Jacques de Vitry. Certains s'adressent certes à des destinataires ignorant le latin et devraient donc être traduits pour être réellement prêchés, mais ce n'est pas le cas de tous, et, à ce compte, ils sont moins *vulgares* que des sermons du temps et des saints qui suivent, dimanche après dimanche et férie après férie, le déroulement de l'année liturgique. Or, les *Sermones de tempore* et les *Sermones de sanctis* de Jacques de Vitry ne sont pas dits *vulgares*. Ses *Sermones vulgares vel ad status* ne le sont pas non plus par le style ou la manière, quoi que laisse entendre, comme nous le verrons, leur prologue. Comme tous ses sermons, ils sont certes riches en *exempla*, mais ils sont longs et soigneusement composés dans les règles de l'art. Ils n'ont ni la brièveté ni la simplicité de ceux de Maurice de Sully, qui se bornent le plus souvent à une paraphrase et à un rapide commentaire de l'Évangile du jour.

Dans le titre *Sermones vulgares vel ad status*, le *vel* (« ou ») suggère qu'on peut indifféremment définir ces sermons comme des sermons *vulgares* ou bien comme des sermons *ad status*. Ces sermons sont *vulgares* précisément parce que ce sont des sermons *ad status*, qui s'adressent successivement à des personnes appartenant à toutes les catégories sociales et à toutes les formes d'état-civil, à tous les « états du monde ». Les *sermones ad status* pouvaient dans certains cas correspondre à une prédication réelle, mais ils constituaient plus encore à l'époque une sorte de genre littéraire moral et spirituel. Ces sermons étaient l'équivalent des revues des états du monde qui se présentaient sous la forme de traités ou de poèmes moraux et satiriques, comme le *Livre des manières* d'Étienne de Fougères, déjà mentionné, et dont une section de l'*Elucidarium* suit le schéma. On composait ainsi des sermons s'adressant aux prélats, aux moines, aux religieuses, aux clercs, aux universitaires ou « gens de savoir »[1] (*scolares*), aux princes, aux chevaliers, aux marchands, aux paysans, mais aussi aux personnes mariées, aux veuves, aux vierges, ou encore à des catégories morales, aux usuriers, aux orgueilleux, aux luxurieux, etc. (ce qui montre l'artifice du genre, car de tels sermons devraient être prêchés devant un auditoire composé exclusivement d'orgueilleux, de luxurieux, etc.). De tels sermons peuvent être dits *vulgares* parce que, chacun s'adressant à une catégorie particulière, leur collection, réunissant les sermons s'adressant à toutes les catégories possibles, s'adresse à tous.

Les *Sermones vulgares vel ad status* de Jacques de Vitry sont précédés d'un long prologue qui est en réalité un prologue général sur la prédication. Rien de plus naturel : des considérations générales sur la prédication précèdent tout naturellement une collection des sermons qui s'adressent à tous (*vulgares*) et à tous les états du monde. Rien d'étonnant non plus si l'idée directrice de ce prologue est de d'inculquer aux prédicateurs l'idée qu'ils s'adressent à tous, doivent être compris de tous, même des simples et donc tenir un discours qui leur soit accessible et profitable.

Le prologue s'ouvre sur un développement de la formule : *Sacra Scriptura cibus est et potus*, « l'Écriture sainte est une nourriture et une boisson » (formule fréquente, souvent reprise plus tard, en particulier à la fin du XVIIe et au XVIIIe siècle, lors de la controverse autour du jansénisme). Ce lieu commun, Jacques de Vitry le développe en citant,

1. Cette formulation, due à Jacques Verger, est plus exacte que celle, anachronique, d'intellectuels, brillamment mise en vogue par Jacques Le Goff.

comme tous les auteurs le font à ce propos, la phrase de saint Paul dans la première épitre aux Corinthiens (3, 2) : *Tanquam parvulis in Christo lac dedi vobis potum, non escam*, « Comme à de petits enfants dans le Christ, je vous ai donné du lait à boire, non une nourriture solide ». Et, après avoir cité encore à l'appui Genèse 29, 7 où Jacob dit : *Date potum ovibus, et sic eas ad pastum reducite*, « Donnez à boire aux brebis, puis ramenez les à la pâture », il commente :

> Nous devons d'abord donner à boire aux faibles un enseignement simple, jusqu'à ce qu'ils puissent être conduits jusqu'à la pâture d'une science plus solide[1].

Au siècle précédent, les premiers mots du premier des quatre-vingt six *Sermons sur le Cantique* de saint Bernard se référaient à la même formule de saint Paul, mais dans le sens opposé :

> À vous, frères, il faut dire autre chose qu'aux gens qui vivent dans le monde, ou du moins d'une autre manière. À ceux-ci « on donne du lait à boire » et non du solide, si l'on prend pour modèle la façon d'enseigner de l'Apôtre. Aux spirituels par contre il faut fournir des aliments plus consistants, ainsi que Paul nous l'apprend par son exemple[2].

1. J. Longère (éd.), *Iacobi de Vitriaco Sermones vulgares vel ad status. Prologus I – XXXVI*, p. 3. *Prius debemus dare infirmis potum simplicis disciplinae, donec perduci valeant ad pastum solidioris doctrinae.*

2. Bernard de Clairvaux, *Sermons sur le Cantique*, t. I (sermons 1-15), éd. J. Leclercq, H. Rochais et Ch. H. Talbot (Editiones cistercienses 1957), trad. P. Verdeyen et R. Fassetta, Paris, Éd. du Cerf, « Sources chrétiennes » 414, 1996, p. 60-61.

Vobis, fratres, alia quam aliis de saeculo, aut certe aliter dicenda sunt. Illis siquidem lac potum dat, *et non* escam [1 Cor. 3, 1-2], *qui Apostoli formam tenet in docendo. Nam spiritualibus solidiora apponenda esse itidem ipse suo docet exemplo.*

C'est qu'il s'adressait à ses moines, capables de supporter une nourriture solide, en l'occurrence son commentaire inspiré et exigeant de ce Cantique des cantiques, troublant, voire dangereux pour ceux qui ne sont pas encore solides dans la foi et dans la connaissance de Dieu. C'est au contraire à ces derniers que pense d'abord Jacques de Vitry.

Tout son prologue consiste en un plaidoyer en faveur d'une prédication adaptée et accessible aux simples. Il faut s'adresser à chacun selon ses capacités, mais surtout ne pas oublier les simples. L'exposé semble progresser, mais en réalité chacun des courts chapitres reprend cette même idée, sous une forme toujours différente.

Qu'on en juge. Après le chapitre d'introduction, *Sacra Scriptura est cibus et potus* (« L'écriture sainte est une nourriture et un breuvage »), le deuxième chapitre, intitulé *De multiplici doctrina et exemplis* (« Multiplicité de l'enseignement et des exemples »), propose une succession de citations scripturaires, d'où Jacques de Vitry tire chaque fois le même sens : il faut donner aux simples et aux faibles un enseignement qui leur soit adapté. Il cite d'abord 1 Rois (1 Samuel) 17, 17-18, où Jesse dit à son fils David de prendre de la farine d'orge (*polenta*), des pains et des morceaux de fromage et de les porter à ses frères ; et il commente cette citation en ces termes :

> Par la farine d'orge, avec laquelle on fait de la bouillie pour les petits enfants, il faut entendre la science simple, par les pains la science consistante qui convient aux adultes ; par les fromages moulés les exemples de bonnes résolutions menées jusqu'à leur terme, qui sont le lot des parfaits[1].

---

1. *Per* polentam *de qua pultes fiunt parvulis, intelligitur simplex doctrina, per panes solida quae competit adultis ; per* formellas casei *exempla perficiendi consilia quae pertinent ad perfectos* ; J. LONGÈRE, *Iacobi de Vitriaco Sermones vulgares vel ad status. Prologus I – XXXVI*, p. 4, 20-23.

On est là dans la distinction habituelle, qui court, on l'a vu, de saint Paul à saint Bernard.

Puis il cite Deutéronome 32, 13-14, c'est-à-dire le cantique de Moïse, affirmant que Dieu « a installé [son peuple] sur les hauteurs de la terre et lui fait goûter le miel du rocher, le beurre du troupeau et le lait des brebis ». Et il distingue, d'une part le miel et le beurre dont les saints docteurs nourrissent les savants et les forts, d'autre part le lait de brebis, nourriture des faibles, les mêmes saints docteurs appelant les ignorants et les simples (*rudes et simplices*) à consommer des « légumes avec amour » (*olera cum caritate*, référence implicite à Proverbes 15, 17 « Mieux vaut des légumes avec amour qu'un bœuf gras avec de la haine »).

Ensuite, citant Ézéchiel 44, 17-19, versets qui spécifient que les prêtres revêtent des vêtements de lin à l'intérieur du sanctuaire, mais reprennent des habits ordinaires quand ils en sortent et retournent auprès du peuple, il oppose la façon subtile de parler des choses divines (vêtements de lin) à la façon dont il convient de parler au peuple :

> Mais en sortant à l'extérieur ils doivent tenir au peuple des propos simples et intelligibles, ce que dit le fait d'endosser les vêtements courants de tous les jours[1].

Enfin, dans la vision d'Ézéchiel (Ez 1, 19), les animaux qui tirent le char de Yahvé, parfois volent dans l'air, parfois marchent sur la terre. De même, les prédicateurs doivent avoir pour les uns un discours élevé, pour les autres un discours pédestre. Et, ajoute Jacques de Vitry, de la même façon le psalmiste (Ps 103, 8) dit : « Les montagnes s'élèvent et les plaines s'abaissent » (en réalité, le psaume parle des

1. *Egredientes autem exterius ad populum plana et intelligibilia debent loqui, quod est indui communibus et cotidianis indumentis.*

eaux qui escaladent les montagnes et descendent dans les plaines) :

> En effet, les saints docteurs tantôt se montrent montagnes, quand ils disent *la sagesse parmi les parfaits* ; tantôt ils se montrent plaines, quand, descendant au niveau des faibles, ils parlent simplement et clairement[1].

On le voit, la méthode de l'exégèse allégorique permet de tirer toujours la même leçon des passages les plus variés de l'Écriture : le prédicateur doit adapter son propos à son auditoire et veiller surtout à parler simplement aux simples. Mais l'exégèse cherche l'ingéniosité de l'interprétation.

Les chapitres suivants ne font que marteler ce thème, le répéter, le développer et en tirer les conséquences, en fondant toujours le propos sur l'interprétation de citations scripturaires. Le troisième chapitre, qui ne comporte que quelques lignes, se contente de tirer la leçon de Nombres 10, 7, qui affirme que le peuple doit être convoqué par « le simple son des trompettes » (*simplex tubarum clangor*), en faisant bien sûr un sort au mot *simplex*, et d'Esdras II (= Néhémie), 8, 8, passage fameux où Esdras lit la Loi de Moïse devant tout le peuple, tandis que les lévites l'expliquent, « Ils lurent dans le livre de la Loi distinctement et clairement de façon à ce qu'on comprenne » :

> En nous adressant à la foule, nous devons en effet prêcher la parole de Dieu simplement et clairement[2].

---

1. *Sancti enim doctores aliquando se exhibent montes, dum* sapientiam loquuntur inter perfectos [1 Co 2, 6] ; *aliquando se exhibent campos, dum infirmis condescendentes plane et aperte loquuntur.*

2. *Multitudini enim verbum Dei simpliciter et aperte praedicare debemus* ; J. Longère (éd.), *Iacobi de Vitriaco Sermones vulgares vel ad status. Prologus I – XXXVI*, p. 5.

Les chapitres 5 et 6 montrent, le premier « qu'il faut varier la prédication en fonction de l'auditoire », le second qu'il y a « des façons multiples de prêcher selon les états divers des personnes », ce qui est la justification même des *sermones ad status*, dont l'énumération constitue tout le chapitre :

> Il faut en effet prêcher autrement aux grands, autrement aux moyens, autrement aux petits. Autrement aux prélats, autrement aux simples prêtres, autrement aux chanoines séculiers et au autres clercs, diffiéremment aux universitaires, autrement aux moines blancs, autrement aux moines noirs, autrement aux chanoines réguliers, autrement aux frères prêcheurs, autrement aux frères mineurs [...]. Autrement aux malades et aux lépreux, autrement aux affligés, autrement à ceux qui souffrent de la mort de leurs proches [...]. Autrement aux marchands, autrement aux bourgeois et aux usuriers, autrement aux paysans et aux autres qui exercent divers métiers manuels. Autrement aux femmes, c'est-à-dire aux vierges, aux veuves et aux femmes mariées [...][1].

Bref, il faut moduler selon l'auditoire à la fois la sévérité et la difficulté du propos :

> Il faut en effet traiter les ignorants et les néophytes, non pas avec sévérité, mais avec douceur[2].

1. *Aliter enim praedicandum est majoribus, aliter mediocribus, aliter minoribus. Aliter prelatis, aliter simplicibus sacerdotibus, aliter canonicis saecularibus et aliis clericis, aliter scolaribus, aliter monachis albis, aliter monachis negris, aliter canonicis regularibus, aliter fratribus praedicatoribus, aliter fratribus minoribus* [...]. *Aliter infirmis et leprosis, aliter afflictis, aliter dolentibus de morte propinquorum* [...]. *Aliter mercatoribus, aliter burgensibus et feneratoribus, aliter agricolis et aliis qui propriis manibus secundum varias artes operantur. Aliter mulieribus, id est virginibus, viduis et conjugatis* [...] ; J. Longère (éd.), *Iacobi de Vitriaco Sermones vulgares vel ad status. Prologus I – XXXVI*, p. 6-7.

2. *Rudes enim et neophiti non aspere sed suaviter sunt tractandi* ; chap. *7*, *De qualitate praedicandi leviter vel aspere*, « De la façon de prêcher avec douceur ou dureté », *ibid.*, p. 8.

> Renonçant aux propos raffinés et élégants, nous devons appliquer notre esprit à édifier les êtres grossiers et à instruire les ignorants, auxquels il faut parler souvent de choses pour ainsi dire matérielles et palpables, telles que celles qu'ils connaissent par expérience. Ils sont en effet plus touchés par des exemples concrets que par des autorités ou par des pensées profondes[1].

La mise en garde contre une recherche et une élégance du propos qui flattent la vanité du prédicateur mais nuisent à l'efficacité de sa parole trouvent leur équivalent dans la poésie religieuse vernaculaire. Dans la liturgie, le choix, dès le départ, de la poésie rythmique en est d'ailleurs une application. Mais ici, ce qui est opposé au style savant et aux « propos raffinés et élégants », c'est un propos portant sur des réalités concrètes, que l'auditoire connaît et qui le touchent directement, en recourant à des exemples.

Voilà le grand mot lâché : les exemples, les *exempla*, anecdotes de la vie quotidienne ou petits récits édifiants, que le prédicateur insérait dans son sermon pour en dégager la leçon de façon claire et vivante. Ces *exempla* étaient réunis en collections, où ils étaient classés, soit par ordre alphabétique, soit selon les vertus et les vices, soit selon les sept dons du Saint-Esprit, etc., pour que le prêtre puisse trouver facilement celui qui lui serait utile en préparant son sermon. Des milliers d'*exempla* nous sont ainsi parvenus. Ils constituent une mine pour la littérature, car nombreux sont les croisements avec les contes pieux, les vies de saints, les fabliaux, mais avant tout pour l'anthropologie historique et pour l'étude des traditions folkloriques. C'est si vrai que celui

---

1. *Relictis enim verbis curiosis et politis, convertere debemus ingenium nostrum ad aedificationem rudium et agrestium eruditionem, quibus quasi corporalia et palpabilia et talia quae per experientiam noverunt frequentius sunt proponenda. Magis enim moventur exterioribus exemplis quam auctoritatibus vel profundis sententiis* ; chap. 10, *Qualia sunt proponenda in praedicatione*, « Ce dont il faut parler dans la prédication », *ibid.*, p. 10-11.

qui en a donné le premier un répertoire, toujours utilisé et toujours indispensable, Tubach, les a répertoriés en suivant la classification de l'ouvrage classique de Annti Aarne et Stith Thompson, *The Types of the Folktale*[1]. Dans les sermons de Jacques de Vitry, les *exempla* sont si nombreux qu'ils ont d'abord été publiés sans les sermons[2].

Presque toute la fin du prologue de ses *Sermones vulgares* est une défense et illustration des *exempla* et de leur utilisation dans la prédication. Chapitre 11 : *Laicis et rudibus praedicandum est per exempla habentia aedificationem*, « Il faut prêcher aux ignorants et aux grossiers par des exemples au contenu édifiant » ; chapitre 12 : *Fabulae habentes aedificationem possunt intersereri et contra eos qui talia reprehendunt*, « Des histoires inventées ayant un contenu édifiant peuvent être insérées (dans le sermon) – et contre ceux qui réprouvent cette pratique ». Jacques de Vitry illustre sa position par un exemple personnel dans lequel est inséré un exemple, comme dans une poupée russe :

> Croyez-en un expert : comme un jour je prolongeais mon sermon et que je voyais toute l'assistance gagnée par l'ennui et en train de somnoler, un seul petit mot les a réveillés et rappelés à l'attention. Je me souviens d'avoir dit : « Celui qui dort à cet endroit ne révèlera ni mes secrets ni ma pensée. » Et chacun, croyant que j'avais parlé pour lui, d'ouvrir les yeux. Une fois le brouhaha apaisé, ils ont écouté ensuite en silence des propos utiles et graves[3].

1. Fr. C. Tubach, *Index exemplorum. A Handbook of Medieval Religious Tales*, Helsinki, Academia Scientiarum Fennica, 1969. À compléter par J. Berlioz et M.-A. Polo de Beaulieu (dir.), *Les* Exempla *médiévaux. Introduction à la recherche, suivie des tables critiques de l'*Index exemplorum *de Frederic C. Tubach*, Carcassonne, GARAE/ HESIODE, 1992. Voir aussi les travaux pionniers de J. Le Goff et de J.-Cl. Schmitt.

2. Th. Fr. Crane, *The Exempla or Illustrative Stories of the* Sermones vulgares *of Jacques de Vitry*, Londres, The Folklore Society, 1890.

3. *Experto credite : cum aliquando protraherem sermonem et viderem populi multitudinem affectam taedio et dormitantem, uno modico verbo omnes incitati sunt et ad audiendum innovati. Exempli gratia. Aliquando*

Anecdote tout à fait analogue à celle, plus célèbre, que son contemporain, le cistercien Césaire de Heisterbach, raconte dans son *Dialogus miraculorum* : un abbé, prêchant devant ses moines, s'aperçoit qu'ils dorment tous. Il s'interrompt et reprend en parlant du roi Arthur, ce qui a le don de les réveiller. On a reconnu le thème qui sera repris par La Fontaine dans « Le pouvoir des fables ».

Quant au chapitre 13, il émet une mise en garde touchant les *exempla*. Elle tient en une seule phrase, qui constitue à elle seule tout le chapitre et se contente d'en répéter le titre, *A scurrilibus et obscenis caveat praedicator*, « Que le prédicateur se garde des bouffonneries et des obscénités » :

> Que de la bouche du prédicateur ne sortent cependant ni mots bouffons ou obscènes ni propos indécent[1].

Que l'enseignement dont un sermon est porteur soit rendu à la fois plus clair, plus frappant et plus attrayant pour les simples fidèles par le recours à des anecdotes, voilà qui va de soi. Que ces anecdotes doivent rester convenables et ne pas braver l'honnêteté, aussi. L'avertissement renvoie sans doute plus précisément au fait que la forme littéraire du récit bref la plus répandue à l'époque de Jacques de Vitry est le fabliau, souvent obscène. Mais l'importance que l'auteur attache aux *exempla* a un sens plus profond, qui touche à l'art littéraire. C'est la conviction que le récit est en lui-même une forme

---

memini me dixisse : « Ille qui in illo loco dormitat, secreta mea vel consilium meum non revelabit. » Unusquisque autem pro se dictum credens oculos aperiebat et, facto strepitu, postmodum in silentio utilia et seria verba attente audiebant ; J. Longère (éd.), *Iacobi de Vitriaco Sermones vulgares vel ad status. Prologus I – XXXVI*, p. 13.

1. *Scurrilia tamen aut obscena verba vel turpis sermo ex ore praedicatoris non procedant* ; *ibid.*, p. 14.

littéraire adaptée aux simples, par opposition à l'analyse, à la démonstration, à l'exégèse bien sûr, et même à l'exhortation. Cette idée s'accorde avec notre constat du fait que la langue vernaculaire romane présente spontanément une syntaxe de l'enchaînement et du récit, par contraste avec celle de la latinité classique. En même temps, rien n'est plus subtil, rien n'est plus aisément chargé d'implications dans le non-dit qu'un récit ou qu'un conte. La question des *exempla* pose la question du récit comme art littéraire complexe pour les simples.

Au reste, l'*exemplum* ne pose pas seulement la question de l'édification des simples, mais aussi celle du récit comme forme de la pensée. Pas de pensée sans récit, disait Paul Ricoeur[1]. Nous voyons bien qu'à son humble niveau, le conte est un récit qui donne à penser de toutes les façons. Récit étiologique, qui explique le monde et répond à son énigme. Récit qui dit l'énigme de la conscience. Récit qui, dans sa simplicité, révèle et éclaire une complexité telle qu'un exposé abstrait s'y perdrait sans l'épuiser. Dans les *chansonniers*, les manuscrits qui rassemblent en anthologies les chansons des troubadours, les récits prétendument biographiques des *vidas* et des *razos* rendent compte, rendent *raison* comme le dit le mot *razo*, de leurs poèmes aussi subtilement que le ferait une explication de texte, mais par d'autres voies[2]. Jacques de Vitry considère le recours aux *exempla* comme une voie pour les simples. Mais, comme les contes qu'ils sont souvent, les *exempla* montrent qu'un récit dépasse toujours ce qu'il dit et qu'il est porteur d'une herméneutique propre.

Si Jacques de Vitry insiste sur la nécessité de prêcher simplement et clairement pour être compris des simples, au point de consacrer à cette exigence pratiquement tout le prologue

1. P. Ricoeur, *Temps et récit* I, Paris, Éd. du Seuil, 1983.

2. M. Zink, *Les troubadours. Une histoire poétique*, Paris, Perrin, 2013 ; Tempus, 2017.

de ses *Sermones vulgares*, c'est que, dans le milieu des théologiens et des universitaires, le sermon était un exercice intellectuel comme les autres, où il s'agissait de briller devant ses collègues et ses élèves en montrant sa science scripturaire et théologique, sa subtilité, son ingéniosité, sa profondeur, son éloquence. D'où sa mise en garde, citée plus haut, contre les *verba curiosa et polita*, les « propos raffinés et élégants ». D'où cet autre avertissement touchant « le but de la prédication », dans le chapitre 9, dont c'est le titre (*De fine praedicandi*) :

> De plus, quand il prêche, le prédicateur ne doit se soucier que de Dieu seul et de l'édification des âmes : c'est ce qu'il doit avoir devant les yeux[1].

Au chapitre suivant, il précise, en entremêlant comme toujours son propos de citations scripturaires qui l'appuient :

> C'est pourquoi, entre plusieurs formulations, que le docteur des âmes choisisse les plus utiles, en préférant l'utilité à la subtilité. [...] Que le prédicateur se soucie plus de l'édification des auditeurs que de beau langage. [...] Qu'il tienne aux laïcs et aux ignorants des propos simples et clairs, et non pas subtils et obscurs[2].

Ce souci, il ne l'exprime pas seulement dans le prologue, mais aussi dans les sermons eux-mêmes. Ainsi le sermon XVI, *ad scolares*[3]. Le thème en est emprunté au livre de l'Exode

---

1. *Finem insuper in praedicando debet attendere praedicator solum Deum et aedificationem animarum prae oculis habendo.*

2. *Unde inter varias sententias utiliores eligat doctor animarum, potius insistens utilitati quam subtilitati.* [...] *Magis etiam curet praedicator aedificationem audientium quam ornatum verborum.* [...] *Simplicia et manifesta laicis et rudibus proponat, non subtilia et obscura.*

3. J. Longère (éd.), *Iacobi de Vitriaco Sermones vulgares vel ad status. Prologus I – XXXVI*, p. 286-306.

(Ex 3, 21-22) et le sermon se greffe sur la célèbre interprétation que saint Augustin avait donnée de ce passage dans le *De Doctrina christiana* (II, 40)[1]. Dieu, qui donne ses instructions à Moïse en vue de la sortie des Hébreux d'Égypte, les invite à spolier les Égyptiens de leurs trésors :

> Lorsque vous partirez, vous ne vous en irez pas les mains vides, mais la femme demandera à sa voisine et à celle qui séjourne dans sa maison des vases d'argent et d'or, des vêtements et vous en dépouillerez l'Égyptien[2].

Augustin avait utilisé ce passage pour dire que les chrétiens ne devaient pas rejeter la science, la culture, les lettres du paganisme, mais les utiliser, comme une propédeutique, pour progresser dans la science divine. Jacques de Vitry reprend cette idée. Après avoir commenté son prothème (la citation servant à introduire le thème), qui est un verset du psaume 54, il résume en ces termes le développement du thème : « Une fois entrés, vous ne sortirez pas les mains vides. Nous devons extraire des livres des gentils ce qu'il y a d'utile[3]. » Mais très vite, il nuance le propos : « Sur les vases d'argent et la grammaire ; et contre ceux qui se moquent des simples[4] ». Les vases d'argent des Égyptiens, explique-t-il, c'est la science de s'exprimer de façon correcte : en effet, l'enseignement de la grammaire et de la rhétorique, de la belle langue et de l'art

---

1. Voir M. Zink, *Poésie et conversion au Moyen Âge*, p. 19-24. Sur le passage de la lettre 70 de Jérôme à Magnus, orateur de la ville de Rome, développant, sur le même sujet, l'image de l'esclave captive du Deutéronome (21, 10-13), *ibid.*, p. 14-19.

2. *Cum egrediemini, non exibitis vacui, sed postulabit mulier a vicina sua et hospita vasa argentea et aurea ac vestes et spoliabitis Egyptum.*

3. *Cum egrediemini, non exibitis vacui. Ex libris gentilium utiliora debemus excerpere* ; J. Longère (éd.), *Iacobi de Vitriaco Sermones vulgares vel ad status. Prologus I – XXXVI*, p. 289.

4. *De vasis argenteis et grammatica et contra illos qui simplices dérident* ; *ibid.*, p. 290.

de bien parler, est un emprunt à la culture païenne, auquel il ne faut pas renoncer. L'art de la grammaire est fondamental. Et cependant, ajoute-t-il, si parfois, par ignorance de la grammaire, des évêques ou des prêtres font une faute, les étudiants (*scolares*) ne doivent pas se moquer d'eux, car il faut plus se garder des fautes morales que des fautes grammaticales. Plusieurs citations, dont la plupart sont d'Augustin lui-même, étaient cette mise en garde. Jacques de Vitry vise ici, dira-t-on, les moqueries des étudiants à l'égard de leurs supérieurs, évêques ou prêtres, qui font des fautes de latin : le mot grammaire (*grammatica*) désigne en effet le latin, comme chez Dante. Voici la conclusion de ce passage : « Il ne faut pas se moquer des religieux qui ne sont pas très experts dans l'art de la grammaire[1]. » Certes, mais ce développement a pour titre *Contra eos qui simplices dérident*, « Contre ceux qui se moquent des simples ». Les religieux sont-ils des simples ? Après un *exemplum* tiré de la vie de saint Antoine, qui, précise Jacques de Vitry, était illettré, il conclut à nouveau :

> Que ceux qui ont des lettres et sont éloquents ne méprisent pas l'ignorance des simples frères à qui l'onction enseigne tout ce qui est nécessaire au salut[2].

On passe donc insensiblement de l'insolence des étudiants à l'égard de supérieurs qu'ils jugent moins instruits qu'eux au mépris pour les religieux en général, qui ne sont pas très au fait de la grammaire, puis à celui qui vise les véritables simples que sont les frères lais, illettrés, comme l'était saint Antoine. Même dans un sermon aux « gens de savoir »,

---

1. *Non contempnendi sunt viri religiosi qui in arte grammatica non sunt multum exercitati.*

2. *Literati igitur et eloquentes simplicium fratrum ruditatem non spernant quos unctio docet de omnibus* [1 Jn 2, 27] *que sunt necessaria ad salutem* ; *ibid.*, p. 291.

Jacques de Vitry est sans cesse ramené à sa préoccupation des simples. Car le savoir des « gens de savoir » peut être une malédiction, une chape infernale qui les écrase. C'est la leçon d'un célèbre *exemplum* qui apparaît plus loin dans le sermon, après celui où un ange reproche à saint Jérôme de lire Cicéron (« Tu es cicéronien, non chrétien[1] ») :

> *Exemple de l'étudiant mort qui apparut à son professeur.*
>
> De la même façon, il arriva qu'un étudiant parisien apparût après sa mort à son professeur en plein jour. Il semblait revêtu d'une cape de parchemin couverte de petites lettres. Comme Maître Stella (c'était son nom) demandait à son disciple ce que signifiaient cette cape et ces lettres, l'autre répondit : « Toutes ces lettres, je suis plus accablé de leur poids que si je portais sur la nuque la tour de cette église », et il lui montrait l'église de Saint-Germain-le-Parisien [Saint-Germain-des-Prés] dans le pré de laquelle [le Pré-aux-clercs] il lui était apparu. « Ces lettres, dit-il, sont les sophismes et les subtilités dans lesquelles j'ai consumé mes jours. » Il ajouta : « Il me serait impossible de t'exprimer par des mots la brûlure dont je suis torturé sous cette cape, mais je peux te le montrer un peu avec une goutte de sueur. » Pour recevoir la goutte de sueur, le maître étendit la paume, et elle fut percée par cette goutte brûlante plus complètement qu'elle l'aurait été par la flèche la plus acérée. Peu après, ce maître quitta son enseignement de logique et entra dans l'ordre des Cisterciens, en disant : « Je laisse le coassement aux grenouilles, le croassement aux corbeaux, les vanités aux vains ; c'est pourquoi je me tourne vers une logique qui ne redoute pas la mort. »
>
> Aussi longtemps qu'il vécut dans cet ordre, il garda sa main percée. Il vécut jusqu'à mon époque, quand j'étais étudiant à Paris, montrant à tous le trou de sa main[2].

1. *Ibid.*, p. 296-297.
2. Exemplum de discipulo mortuo qui magistro suo apparuit.
Similiter et Parisius accidit quod quidam discipulus post mortem magistro suo de die apparuit, qui indutus videbatur cappa ex pergameno minutis litteris conscripta. Cumque magister Sella – sic enim vocabatur – a discipulo quereret quid cappa illa et littere sibi vellent, repondit : « Quelibet harum

Parler simplement, renoncer aux artifices et aux subtilités, ce n'est pas seulement une nécessité quand on s'adresse aux simples, c'est une obligation morale pour sauver son âme.

Une pensée accessible, des exemples concrets et piquants, un style simple, clair, direct, sans artifices. Un souci de l'édification qui prime celui de l'élégance et même de la correction grammaticale. L'obsession de toucher les simples. Voilà comment Jacques de Vitry conçoit une prédication qui s'adresse à tous, des *Sermones vulgares vel ad status*. Mais si, après avoir lu les exhortations à la simplicité de leur prologue, on lit ses propres *sermones vulgares*, on s'aperçoit que, sans chercher systématiquement la difficulté ou la subtilité, ils ressemblent fort à des sermons scolastiques classiques : thème, prothème, division du thème, développement logique fondé sur un enchaînement de citations scripturaires.

Il n'y a là rien de surprenant. Et pourtant, en écoutant un jour la grande spécialiste de la prédication médiévale qu'est Nicole Bériou[1] constater en passant, à propos de l'évolution de cette prédication, ce qui lui paraissait une évidence, et qui

---

litterarum magis gravat me pondere suo quam si turrem huius ecclesie super collum portarem », ostensa sibi ecclesia Sancti Germani Parisiensis in cujus prato discipulus ejus illi apparuit. « Hec, inquit, littere sunt sophismata et curiositates in quibus dies méos consumpsi. » Et addidit : « Non possem tibi verbis exprimere quanto ardore crucior sub hac cappa, sed per unam guttam sudoris aliquo modo possum tibi ostendere. » Cumque magister extenderet palmam ut sudoris exciperet guttam, perforata est majus ejus a fervente gutta velut acutissima sagitta. Mox ille scolas logice reliquit et ad ordinem Cisterciensium se transferens ait : « Linquo 'cox' ranis, 'cra' corvis, vanaque vanis ; ad logicam pergo, que mortis non timet ergo. » Quamdiu autem in ordine vixit, manum perforatam habuit et usque ad tempora nostra, dum Parisius essemus in scolis, vixit manus sue foramen cunctis ostendens ; *ibid.*, p. 297.

1. N. Bériou, *L'avènement des maîtres de la Parole. La prédication à Paris au XIIIe siècle*, Paris, Institut d'Études augustiniennes, 2 vol., 1998, et *Religion et communication. Un autre regard sur la prédication au Moyen Âge*, Genève, Droz, 2018.

en est une en effet, un paradoxe supplémentaire m'a sauté aux yeux. Elle observait[1] que la prédication au peuple s'est développée comme une sorte d'appendice de la prédication scolastique. C'est parfaitement exact et nous en verrons bientôt des exemples. D'un autre côté, de même que la théologie scolastique diffère de la théologie monastique[2], de même la prédication monastique diffère de la prédication scolastique. La première est effusive, la seconde démonstrative. La première reproche à la seconde sa vanité, sa prétention intellectuelle, sa science ostentatoire et pédante – tout ce dont saint Bernard accuse Abélard et aussi tout ce contre quoi Jacques de Vitry met en garde le prédicateur de *sermones vulgares.*

On en déduirait aisément que la prédication de type scolastique est moins adaptée aux simples que la prédication monastique : n'est-ce pas ce que laisse entendre Jacques de Vitry, avec l'*exemplum* du maître qui, averti des dangers de la logique, y renonce pour entrer chez les cisterciens ? Pas du tout. C'est le contraire. Et, quand on y réfléchit une seconde, cela va de soi. D'abord, en raison des circonstances de chaque prédication. Les sermons monastiques étaient prêchés dans les monastères, les sermons scolastiques dans les villes qui abritaient les écoles, puis les universités. Bien plus, les maîtres en théologie de Paris étaient libres de prêcher dans toutes les paroisses de la ville. On dira que les sermons qu'ils y prononçaient étaient comme un prolongement de leur enseignement. Ils l'étaient si bien que, pour plusieurs années du XIIIe siècle, nous disposons de la collection de ces « sermons universitaires parisiens » recueillis par des étudiants zélés qui les ont notés au vol. Il n'empêche

1. C'était lors du colloque organisé en décembre 2014 à l'occasion du millénaire de Saint-Germain-des-Prés : *Mille ans d'une abbaye à Paris. Actes du colloque international organisé par l'Académie des inscriptions et belles-lettres le jeudi 4 et le vendredi 5 décembre 2014*, éd. R. Recht et M. Zink, Paris, Académie des inscriptions et belles-lettres, 2015.

2. Voir J. Leclercq, *L'amour des lettres et le désir de Dieu*, Paris, Éd. du Cerf, 1957.

que ces sermons sont d'un style souvent assez simple, mêlant le français au latin, ce qui laisse une incertitude sur la langue même dans laquelle ils étaient prononcés[1].

Ce qui est accessible, ce n'est pas la prédication monastique, flux qui suit les méandres de la conscience et de la pensée, imprégné de références bibliques et patristiques intégrées au discours et indétectables pour celui qui ne les connaît pas, puisqu'elles ne sont pas présentées comme des citations ; un discours dont la visée est de conduire à la méditation, à la rumination et finalement à la contemplation de Dieu. Saint Bernard a raison, là encore, de dire en ouverture à ses *Sermons sur le Cantique* qu'une telle prédication est réservée aux moines, déjà avancés dans la vie spirituelle.

Ce qui est accessible, tout au contraire, c'est un plan carré, d'une logique claire, appuyé sur des citations explicites, bien mises en évidence de manière à faire ressortir la science du prédicateur et à impressionner son auditoire. De tout temps et dans tous les domaines, c'est cet esprit et cette attitude qui séduisent les simples. Le simple aime le pédant, dont la lourdeur lui est plus accessible et lui paraît plus admirable qu'une simplicité épurée. La lourdeur savante est à la portée de tous, mais non l'évanescence poétique ou mystique. C'est une loi que les prédicateurs médiévaux se gardaient d'oublier.

Revenons une dernière fois, pour illustrer cette opposition, aux premiers mots du premier des *Sermons sur le Cantique* de saint Bernard :

> À vous, frères, il faut dire autre chose qu'à ceux qui vivent dans le monde, ou du moins le dire autrement. À ceux-ci il *donne du lait à boire* et non *une nourriture solide*, celui qui suit la façon d'enseigner de l'Apôtre. Mais qu'aux spirituels il faille fournir des aliments plus consistants, c'est ce que lui-même

1. N. Bériou, *L'avènement des maîtres de la parole*, p. 215-291.

> (l'apôtre Paul) nous enseigne également par son exemple. *Nous parlons*, dit-il, *non pas dans le savant langage de la sagesse humaine, mais dans celui qu'enseigne l'esprit, administrant aux spirituels ce qui est spirituel.* Et encore : *Nous parlons de sagesse parmi les parfaits*, au nombre desquels j'ai vraiment confiance que vous soyez, si ce n'est pas en vain que depuis longtemps vous vous appliquez à scruter les réalités célestes, *à exercer vos sens, et à méditer la loi de Dieu jour et nuit.* Préparez donc vos gosiers, non pour du lait, mais pour du pain[1].

Jacques de Vitry, nous l'avons vu, ouvre aussi le prologue de ses *Sermones vulgares*[2] en citant saint Paul, la première épître aux Corinthiens, 3, 1, *Lac dedi vobis potum, non escam* (« Je vous ai donné du lait à boire, et non une nourriture solide ») et, un peu plus loin, 2, 6, *sapientiam inter perfectos loqui*, « parler de sagesse parmi les parfaits ».

À plus d'un demi-siècle d'écart, Bernard de Clairvaux et Jacques de Vitry illustrent grâce aux mêmes citations de la première épître aux Corinthiens leur exhortation à distinguer une prédication difficile d'une prédication élémentaire. Mais ils ne parlent pas de la même chose. Jacques de Vitry oppose une prédication savante à une prédication simple. Saint Bernard oppose une prédication exigeante spirituellement, réservée à ceux qui vivent constamment dans la méditation de Dieu, à une prédication accessible à ceux qui vivent

---

1. *Vobis, fratres, alia quam aliis de saeculo, aut certe aliter dicenda sunt. Illis siquidem* lac potum dat, *et non escam* [1 Co 3, 1-2], *qui Apostoli formam tenet in docendo. Nam spiritualibus solidiora apponenda esse itidem ipse suo docet exemplo :* Loquimur, *inquiens,* non in doctis humanae sapientiae verbis, sed in doctrina spiritus, spiritualibus spiritualia comparantes [1 Co 2, 13) *; item :* Sapientiam loquimur inter perfectos [1 Co 2, 6)] *quales vos nimirum esse confido, nisi frustra forte ex longo studiis estis caelestibus occupati,* exercitati sensibus [He 5, 14], et in lege Dei meditati die ac nocte [Ps 1, 2]. *Itaque parate fauces non lacti, sed pani* ; voir précédemment, p. 59.

2. J. Longère (éd.), *Iacobi de Vitriaco Sermones vulgares vel ad status. Prologus I – XXXVI*, p. 3 et 5. Voir précédemment, p. 56.

dans le monde. Parmi ces derniers, il y a les simples et les ignorants, mais il y a aussi les savants « qui parlent le savant langage de la sagesse humaine » : à ceux-là aussi, à ceux-là surtout, la prédication spirituelle est inaccessible. « Dire la sagesse parmi les parfaits », c'est pour Jacques de Vitry s'adresser aux savants, tandis que pour Bernard de Clairvaux, c'est s'adresser à ceux qui vivent en Dieu. Jamais saint Bernard, s'il opposait les savants aux ignorants, ne qualifierait les premiers de « parfaits ».

Le long prologue des *Sermones vulgares vel ad status* de Jacques de Vitry est tout entier centré sur l'obligation de prêcher simplement pour être compris des simples. Mais il n'est pas lui-même destiné aux simples, pas plus que ne le sont, tels quels, les sermons qu'il introduit, même ceux qui s'adressent à des catégories qui pourraient mériter ce qualificatif. Il nous offre une réflexion sur la façon de « parler aux simples gens », plus qu'un ouvrage mettant réellement cette réflexion en pratique. Au reste, son ouvrage, qui est en latin, n'est pas directement destiné aux simples. Il ne le serait pas, même traduit en langue vulgaire. Il propose aux prédicateurs qui auront à s'adresser à eux des principes généraux, des méthodes, des modèles, un réservoir d'*exempla*, bref une sorte de prédication virtuelle.

L'HOMILIAIRE DE MAURICE DE SULLY

Pour trouver des sermons qui s'adressent directement aux simples, il nous faut donc nous tourner ailleurs. Ailleurs, c'est-à-dire, si nous restons encore un peu dans le champ de la prédication, qui devrait se prêter si bien à l'observation du discours aux simples, vers la prédication en langue vulgaire.

Le premier spécimen en la matière, qui est aussi un des plus anciens textes français conservés, n'est pas le plus parlant. C'est le fameux « sermon sur Jonas » du manuscrit de Valenciennes, prêché à Saint-Amand-les-Eaux en 951[1]. La ville était alors assiégée par les Normands et le prédicateur invite les habitants à imiter les Ninivites qui, à la prédication de Jonas, se sont repentis de leurs iniquités et ont fait pénitence sous le sac et la cendre. Ils ont ainsi échappé au châtiment divin. Si la population de Saint-Amand-les-Eaux fait la même chose, peut-être ne sera-t-elle pas massacrée par les Normands. De fait, les Normands ont, cette fois-là, levé le siège, mais ils sont revenus quelques années plus tard, ont pris la ville et tué tout le monde.

Le texte qui nous est parvenu est un fragment de ce sermon. C'est un brouillon, partie en clair, partie en notes tironiennes,

1. Une édition accessible est celle de R.-L. Wagner dans *Textes d'étude (ancien et moyen français)*, Genève – Paris, Droz – Minard, 1964, p. 9-13.

et partie en latin, partie en français. Il paraphrase un passage du commentaire de saint Jérôme sur le Livre de Jonas. Sur le fond, sa préoccupation première n'est donc pas la façon dont il convient de parler aux simples gens. Mais le prédicateur sait qu'il devra s'exprimer en français et il semble avoir préparé une traduction de son propos – ou de celui de saint Jérôme. Presque chaque phrase commence en latin et se poursuit en français ou est reprise en français. Une seule phrase est intégralement en français. C'est aussi la seule qui soit entièrement du cru du prédicateur et n'ait pas de modèle chez saint Jérôme. Elle a été ajoutée comme un repentir ou une insistance à la fin du texte, mais on voit très bien où elle doit venir s'insérer dans le développement qui figure plus haut sur la page. Elle porte donc sur un thème qui tient particulièrement à cœur au prédicateur, puisqu'il a éprouvé le besoin d'y revenir. Il s'agit de la conversion finale des juifs qui précédera la fin des temps, pour que Dieu ne manque pas à sa promesse et que le peuple élu soit sauvé. De tout cela, on peut sans doute déduire que le prédicateur était de langue française, mais qu'il avait du mal à s'écarter du latin et à ne pas l'employer dans le domaine dont le latin était la langue : celui de la Bible, de l'exégèse, de la pensée religieuse. Tout cela illustre le passage à la langue vulgaire sous la contrainte des exigences de la pastorale, plus qu'un mode d'expression à l'adresse des simples.

En revanche, un peu plus de deux siècles plus tard, le premier sermonnaire en français couvrant les dimanches et les féries de toute l'année liturgique (sermons du temps) présente à cet égard un intérêt considérable. C'est la version française de l'homiliaire du prédicateur renommé qu'était Maurice de Sully (ca. 1120-1196), l'évêque de Paris qui en 1163 a entrepris la construction de la cathédrale Notre-Dame.

Il existe en fait une version latine et une version française de cet homiliaire. Les premiers savants qui l'ont étudié (Louis Bourgain, Albert Lecoy de la Marche) ont naturellement supposé que la version latine était première et que la version française en était une traduction[1]. Mais en 1952, C. A. Robson, dans son édition de l'homiliaire français d'après le manuscrit Paris BnF fr. 13 314 provenant du chapitre de la cathédrale de Sens (la seule édition complète de l'homiliaire de Maurice de Sully, tant latin que français, disponible à ce jour), a soutenu que Maurice avait composé entre 1168 et 1175 une première rédaction brève en français, qu'il aurait ensuite développée[2]. La version longue, présente dans la plupart des manuscrits, aurait été ensuite traduite en latin, peut-être en partie par un autre que lui. Cette position a été fortement contestée, d'abord par Robert Bossuat[3], puis par d'autres savants. L'opinion majoritaire est aujourd'hui que la rédaction latine est première (peut-être sous la forme brève) et que c'est le sermonnaire français, plus tardif, qui en est la traduction.

La question n'est pas sans importance. Si l'hypothèse de Robson était juste, elle mettrait au jour un développement très précoce de l'écriture en prose française dans un domaine où le latin est la langue spontanément utilisée et, de la part de l'évêque de Paris, un souci extraordinaire de fixer dans sa forme même la prédication au peuple. Mais pour le sujet qui nous occupe, son démenti ne change pas grand-chose. Même si la rédaction française est seconde, même si elle est du début du XIIIe siècle et n'est donc pas de Maurice de Sully lui-même, elle n'en constitue pas moins, à une date qui reste relativement très précoce, le premier sermonnaire français en prose. En prose, c'est-à-dire impliquant la possibilité

1. L. Bourgain, *La chaire française au XIIe siècle*, Paris, 1879. A. Lecoy de la Marche, *La chaire française au Moyen Âge*, 2e éd., Paris, 1886.

2. C. A. Robson, *Maurice of Sully and the Medieval Vernacular Homily. With the Texte of Maurice's French Homilies from a Sens Cathedral Chapter Ms.*, Oxford, Blackwell, 1952.

3. *Bibliothèque de l'École des Chartes* 111, 1953, p. 297-300.

d'une prédication réelle. Vers le milieu du XIIe siècle, Robert de Gretham avait traduit en vers français *Les évangiles des domees*, « les évangiles des dimanches », pour tout le cours de l'année, accompagnés de gloses, de miracles et de récits divers[1]. Mais, pas plus que les autres sermons en vers que nous possédons, ce ne sont de vrais sermons. L'homiliaire de Maurice de Sully est tout différent. Après un sermon initial aux prêtres, un commentaire du *Credo* et un autre du *Pater*, il offre une collection de sermons *de tempore* pour toute l'année liturgique, c'est-à-dire correspondant à la prédication qu'entendaient au cours d'une année les fidèles laïques qui allaient à l'église le dimanche et pour les fêtes chômées.

Or les sermons français de Maurice de Sully (nous pouvons continuer à les nommer ainsi, puisqu'ils sont, au pire des cas, une traduction fidèle, parfois légèrement amplifiée, de son homiliaire) font réellement entendre une prédication au peuple. Ils offrent un contraste frappant avec les sermons universitaires, dont certains étaient pourtant prêchés dans les paroisses (les sermons universitaires parisiens), comme avec les *sermones ad status* de Jacques de Vitry, qui s'adressent en effet à toutes les conditions, mais séparément, l'une après l'autre, dans un style scolastique et qui sont au demeurant des modèles fictifs de sermons. Au contraire, ceux de Maurice de Sully peuvent être prêchés tels quels, et ils le peuvent si bien qu'ils l'ont été et qu'ils ont servi jusqu'au XIXe siècle de *Dormi secure*, « Dors tranquille », sobriquet des manuels qui proposaient des homélies toutes faites aux prédicateurs en mal d'inspiration. Les notes prises par les fidèles à l'audition de ses sermons montrent que le curé d'Ars s'en inspirait parfois mot pour mot[2].

1. *Les Evangiles des domees*, publiés par R. Bossuat et G. Raynaud de Lage, Paris, Librairie d'Argences, 1955.

2. C. A. Robson, *Maurice of Sully and the Medieval Vernacular Homily*, p. 49.

Qu'est-ce qui permet de dire que ces sermons font réellement entendre une prédication au peuple ? Les arguments sont de trois ordres. Certains sont tirés du plan et du contenu des sermons. D'autres tiennent au fait que le prédicateur est attentif aux circonstances concrètes dans lesquelles il parle et au comportement de ses auditeurs. D'autres enfin tiennent au ton et au style.

Les sermons monastiques prennent généralement la forme d'une méditation effusive, nourrie et scandée par des citations scripturaires constamment ruminées et intégrées au discours plutôt que réellement citées. Les sermons scolastiques suivent un plan rigoureux au service d'une argumentation logique : un thème (la citation scripturaire que le sermon se propose de commenter et qui lui fournit son sujet), un prothème (une citation secondaire servant à introduire le thème), une division du thème soutenue par des citations scripturaires mises en relief, accompagnées de références et dont les termes doivent reprendre ceux du thème de façon à en prolonger, à en nourrir et à en justifier l'analyse et l'interprétation par le prédicateur, mais avec une subtilité suffisante pour que leur relation avec le thème ne paraisse pas redondante ou triviale[1].

Les sermons de Maurice de Sully ne suivent aucune de ces deux méthodes. Ils s'inspirent de ce que j'ai appelé autrefois le « plan victorin ». L'abbaye de Saint-Victor de Paris a constitué au XIIe siècle un centre intellectuel de première importance, riche en exégètes, en penseurs, en auteurs spirituels de premier plan, dont l'œuvre n'a rien de simple ni de facile. Les chanoines de Saint-Victor appliquaient tout naturellement, comme tout le monde peut-on dire, la méthode universellement appliquée depuis Origène au IIIe siècle pour l'exégèse

1. Th. M. CHARLAND, *Artes praedicandi. Contribution à l'histoire de la rhétorique au Moyen Âge*, Paris, Vrin, 1936.

scripturaire, celle des quatre sens de l'Écriture[1]. Elle consiste à dégager de tout passage de la Bible ou du Nouveau Testament un sens littéral, qui est le sens historique, un sens allégorique, qui est le sens spirituel, un sens tropologique, qui est celui de l'enseignement moral, un sens anagogique ou eschatologique, qui est en fonction des fins dernières. Cette démarche, dira-t-on, n'est pas d'une simplicité telle qu'elle doive convenir aux simples. Mais elle peut être appliquée simplement. C'est ce que fait Richard de Saint-Victor, dont les ouvrages de théologie mystique n'ont rien de facile, dans une sorte de manuel, le *Liber exceptionum*, recueil de morceaux choisis bibliques commentés. C'est ce que fait aussi Maurice de Sully dans son homiliaire, en réduisant souvent les quatre sens à trois.

Cette méthode s'adapte en effet très facilement, et presque spontanément, aux sermons du temps, surtout s'ils sont prêchés en langue vulgaire. En effet, comme l'Évangile du jour était lu ou chanté en latin, les simples fidèles ne l'avaient évidemment pas compris. La première tâche du prédicateur était de le traduire ou de le paraphraser. Cette traduction glosée (mais une traduction au Moyen Âge est toujours glosée et la frontière entre traduction et explication toujours floue) est si essentielle qu'on voit les sermons français de Maurice de Sully servir de traduction de la Bible, ou du moins le même texte figurer dans les sermons de Maurice de Sully et dans la traduction française de la Bible connue sous le nom de *Bible française du XIIIe siècle*. La preuve en est fournie par un manuscrit du grand cycle romanesque du *Lancelot-Graal*[2]. Ce titre ne convient d'ailleurs pas en la

1. H. de Lubac, *Exégèse médiévale. Les quatre sens de l'Écriture*, Paris, Aubier, 4 vol., 1959-1964.

2. Fr. Vielliard, « Un texte interpolé du cycle du Graal (Bibliothèque Bodmer, manuscrit 147) », *Revue d'histoire des textes* 4, 1974, p. 289-337. Voir Fr. Gingras, « Histoire feinte et histoire sainte dans un manuscrit du Graal (Cologny, Bodmer 147) », *Romania*, t. 140, 2022, p. 332-353.

circonstance, car ce manuscrit offre un *Lancelot-Graal* sans Lancelot. La partie centrale du cycle, dite *Lancelot propre*, qui en est à la fois le noyau et la partie profane, celle qui conte les amours de Lancelot et de la reine Guenièvre, en est absente. Après l'*Histoire du saint Graal* et le roman de *Merlin*, le manuscrit saute directement à la *Quête du saint Graal*. À la jonction de ces divers romans sont insérés des textes religieux où Françoise Vielliard a eu raison de reconnaître des extraits de la *Bible française du* XIII*e* *siècle*, qui sont aussi des sermons français de Maurice de Sully.

Revenons à l'application du « plan victorin » dans les sermons au peuple. La traduction de l'Évangile du jour, qui était la tâche première et essentielle de celui qui prêchait pour les simples gens, fournissait l'occasion d'en éclairer au passage le sens littéral, de donner des explications historiques (par exemple ce qu'était un samaritain ou ce qu'était un talent, ou encore comment il faut exactement comprendre la façon dont le texte de l'Évangile relate tel geste du Christ, tel miracle). Il était tout naturel de dégager ensuite l'enseignement spirituel de la péricope et enfin sa leçon morale avec les règles de vie et de comportement qu'elle implique. La distinction des trois sens de l'écriture était un outil efficace, non seulement pour l'exégèse la plus savante, mais aussi pour l'explication la plus simple, la plus élémentaire, la plus pédagogique de la parole de Dieu.

C'est ainsi que procède Maurice de Sully, avec, comme il est naturel dans une prédication au peuple, une insistance particulière sur l'enseignement moral auquel conduit très vite une élucidation, toujours présente, mais souvent réduite, du sens spirituel. Ainsi, par exemple, dans son commentaire de la parabole du Bon Samaritain, qui s'y prête, il est vrai, particulièrement.

Mieux que de longues explications, deux exemples, choisis parmi les sermons les plus brefs, feront comprendre à la fois la méthode de Maurice de Sully et le ton qui est le sien. Voici, d'après l'édition Robson, son sermon pour le troisième dimanche de carême (les ajouts de la rédaction française au regard de la version brève de l'homiliaire latin sont entre crochets) :

IN TERCIA DOMINICA QUADRAGESIME. Erat Jesus ejiciens demonium et illud erat mutum. Et cum ejecisset demonium, locutus est mutus, et admirate sunt turbae (Lc 11, 14). < *Un glorios miracle nos raconte li evangiles d'ui, que Nostre Sire Deus fist en icele terre d'oltremer, en icel tens qu'il ala corporelment par terre. Quar* > *ço reconte li evangiles, que Nostre Sire Deus geta une fois le diable d'un home ; si dist li evangiles que li diables estoit mus, por ço qu'il avoit l'ome amuï en cui il estoit* < *et com Nostre Sire en ot geté le diable, si parla li mus, e si s'esmerveilla li puples.*

Segnor, grans est e bels li miracles, mais plus est grans et bele la senefiance ; or oiés que ço senefie. > *Cist hom de cui Nostre Sire jeta le diable senefie les malvais crestiens cui diables porsiet e en cui il regne par pecié de glotonie, u d'ivrece, u de fornication, u d'autere, u d'usure, u de vendre a terme, u par autre pecié dampnable. En tels homes regne li diables sovent e si les amuïst, quar il ne lor soufre pas qu'il viegnent a voire confession, ne qu'il diènt lor pecié en cele maniere qu'il lor soit a porfit e qu'il en soient acordé a Damedeu.* < *Il nes a pas amuïs ne tolue la parole de mentir ne de mal dire, ne de conseillier autrui de mal faire, u de parler d'ordure u de lecerie u de jurer Nostre Segnor e ses sains e ses saintes, de dire ço qu'il ne devroient – de ço nes a il pas amués ! Mes il les amue de bien dire et d'els fere confés vraiement, d'aorer Damedeu, de crier merci.* > *Or besoingne donques que Damesdeus face de ses beles uevres encore en la crestienté e qu'il deslit les peceors de la poesté e de la segnorie al diable e qu'il uevre lor bouces qu'il a voire confession puissent venir* < *e lui rendre gracies de sa misericorde e la soie loenge oïr et conter.*

Ore bones gens, il est ore un tans de requerre le conseil Damedeu, en cui tot crestien e totes crestienes se doivent faire confés de lor peciés. Or vos gardés que li diables ne vos face mus, qu'il ne vos sere les bouces, qu'il ne vos lit les langues, qu'il ne vos destort de vos peciés regehir, de vos mesfais deguerpir, d'estre asols, de prendre reconciliement a Nostre Segnor Deus e de vos apareillier encontre la Pasque Nostre Segnor qui est a venir. > *Gardés que li diables ne vos maint a confession si com il a fait de tels i en a ; quar quant il vienent devant le provoire, ne lor sueffre li diables qu'il reconoissent lor pecié, e se il suefre qu'il le reconoissent, ne soffre il mie qu'il s'en issent. Malvais i vienent e pior s'en revont ; e c'est par le diable qui les a enfernés e qui les demaine si com il vuelt. Gardés qu'il ne face aussi de vos ; venés a voire confession, regehisiés e deguerpissiés vos peciés, faites vos penitances* < *e Deus Nostre Sire, qui fist le bel miracle quant il jeta le diable de l'ome e li dona poesté de parler, il esloint le diable de ses peceors, et les doint a voire confession venir, e lor doint amender si lor mesfais* > *qu'il puiscent a son regne parvenir,* quod nobis prestare dignetur, etc[1].

TROISIÈME DIMANCHE DE CARÊME. *Erat Jesus ejiciens demonium et illud erat mutum. Et cum ejecisset demonium, locutus est mutus, et admirate sunt turbae* (« Jésus expulsait un démon qui était muet. Et, quand il eut expulsé le démon, le muet parla et les foules furent dans l'admiration », Lc 11, 14). L'évangile d'aujourd'hui nous raconte un glorieux miracle que Notre Seigneur Dieu fit dans la terre d'outremer, au temps où il allait corporellement sur la terre. Car l'évangile raconte que Notre Seigneur Dieu chassa une fois un diable d'un homme. Et l'évangile dit que le diable était muet, parce qu'il avait rendu muet l'homme en qui il était, et quand Notre Seigneur eut chassé le diable, l'homme parla et le peuple s'émerveilla.

Seigneurs, le miracle est grand et beau, mais sa signification est plus grande et plus belle. Écoutez ce que cela signifie. L'homme de qui Notre Seigneur chassa le diable signifie les mauvais chrétiens que le diable poursuit et en qui il règne par le péché de gloutonnerie ou d'ivresse ou de fornication ou d'adultère ou d'usure ou de vente à terme ou par un autre péché mortel. Le diable ne cesse de régner sur de tels hommes et il les rend muets car il ne leur permet pas de venir à une confession sincère ni de dire leurs péchés d'une façon qui leur soit profitable et les réconcilie avec Dieu. Il ne les a pas rendus muets et ne leur a pas enlevé leur voix pour mentir ni pour mal parler ni

1. Sermon 11, éd. C. A. Robson, *Maurice of Sully and the Medieval Vernacular Homily*, p. 101-102.

pour conseiller à autrui de faire le mal ni pour parler de sales désirs ni pour jurer le nom de Dieu ou de ses saints et de ses saintes ni pour dire ce qu'ils ne devraient pas dire – pour tout cela il ne les a pas rendus muets. Mais il les rend muets pour parler comme il faut et se confesser sincèrement, pour adorer Dieu, pour lui demander pardon. Il est donc bien besoin que Dieu accomplisse encore ses belles œuvres dans la chrétienté, qu'il délivre les pécheurs du pouvoir et de la domination du diable, qu'il ouvre leurs bouches pour qu'ils puissent venir à une confession sincère, lui rendre grâces de sa miséricorde, et entendre et dire sa louange.

En ce moment, bonnes gens, nous sommes en un temps où il faut demander conseil au Seigneur Dieu, auprès de qui tout chrétien et toute chrétienne doivent se confesser de leurs péchés. Prenez garde que le diable ne vous rende muets, qu'il ne ferme vox bouches, qu'il n'attache vos langues, qu'il ne vous détourne d'avouer vos péchés, de renoncer à vos mauvaises actions, de recevoir l'absolution, de vous réconcilier avec le Seigneur Notre Dieu et de vous préparer pour la Pâque de Notre Seigneur, qui approche. Gardez-vous que le diable ne vous mène à la confession comme il le fait de certains : quand ils se présentent devant le prêtre, le diable ne leur permet pas de reconnaître leur péché, et, s'il permet qu'ils le reconnaissent, il ne permet pas qu'ils y renoncent. Ils arrivent mauvais et ils repartent pires ; et c'est à cause du diable qui les a bridés et qui fait d'eux ce qu'il veut. Veillez à ce qu'il ne fasse pas de même avec vous ; venez vous confesser sincèrement, avouez vos péchés et renoncez-y, faites votre pénitence, et Dieu, qui fit ce beau miracle quand il chassa le diable de cet homme et lui donna la capacité de parler, éloigne le diable des pécheurs qui sont en sa possession, qu'il leur donne de si bien se corriger de leurs fautes qu'ils puissent parvenir à son royaume, *quod nobis prestare dignetur etc.*

L'expression « Quand Notre Seigneur allait corporellement en terre » est usuelle dans les sermons en langue vulgaire, et particulièrement chez Maurice de Sully : à une époque où le miracle n'est pas considéré comme un phénomène si rare, ceux accomplis par Dieu incarné lui-même pendant le bref temps de sa vie sur terre sont riches d'une signification plus essentielle que les autres.

Le résumé de l'évangile est suivi d'une brève explication littérale : le diable n'est pas muet (il sait au contraire être très bavard), mais ce démon est muet parce qu'il a rendu muet celui en qui il est entré.

« Le miracle est grand, mais sa signification est plus grande encore » : c'est la formule habituelle par laquelle Maurice de Sully passe de la paraphrase de la péricope, assortie d'explications littérales, à l'explication de son sens spirituel.

Le sens allégorique est expédié en trois mots : le possédé par un démon muet « signifie les mauvais chrétiens ». À partir de là, on passe immédiatement au sens tropologique ou moral, lui-même développé en deux temps. D'abord l'énumération des péchés qui sont ceux du mauvais chrétien, réduits à deux catégories, ceux de sensualité (gloutonnerie, ivrognerie, fornication, adultère) et ceux liés à l'argent (usure et vente à terme, fautes inlassablement dénoncées chez les laïcs par les sermons et les *exempla*). En un mot, des péchés concrets touchant aux réalités sensibles et à la vie quotidienne des fidèles. En revanche, l'orgueil et l'envie, péchés fondamentaux (*Initium omnis peccati superbia*, « l'orgueil est le commencement de tous les vices », Ecclésiastique X, 15), mais plus complexes, plus abstraits, moins immédiatement repérables, moins facilement circonscrits, ne sont pas mentionnés.

Cependant, l'essentiel n'est pas cette brève énumération des péchés, mais la longue exhortation à la confession, que le diable empêche en rendant muet le pécheur, et en s'assurant ainsi qu'il ne lui échappera pas par le recours au sacrement de pénitence. Là est la vraie leçon du sermon, dans le rappel, quand approche la fin du carême, que les fidèles doivent se confesser pour Pâques et donc dans l'invitation à chasser le démon qui rend muet. D'où l'importance de la précision initiale touchant le sens littéral de la péricope : ce n'est pas le démon qui est muet, c'est le possédé qui est rendu muet par le démon. En même temps, un ajout de la version française devance, sur le ton entendu et sentencieux propre au parler populaire, l'objection que le pécheur n'est pas muet du tout. Bien sûr, il n'est pas muet pour les paroles mauvaises, mais il est muet quand il s'agit de se confesser. Enfin, toute la dernière partie du sermon sert à rappeler les conditions d'une bonne confession, assurant au pénitent l'absolution de ses péchés : il s'agit de bien les identifier et de bien tous les avouer au prêtre. Un autre sermon français, mais qui n'est pas de Maurice de Sully, précise qu'il faut confesser tous ses péchés à la même personne, et ne pas croire qu'on peut se mettre en règle avec le Bon Dieu en en confessant une partie à un prêtre, une partie à un autre et le reste à un troisième.

L'insistance, à propos du possédé muet, sur la confession de bouche est naturelle dans un sermon de carême, temps de pénitence précédant Pâques et par excellence le moment de l'année où il faut se confesser. Mais elle est aussi caractéristique de cette époque qui verra en 1215 le quatrième concile de Latran rendre obligatoire la confession annuelle individuelle, en principe au prêtre de sa paroisse, bien que, très vite, les religieux des nouveaux ordres mendiants obtiennent le droit de se substituer à lui. Le sermonnaire de Maurice de Sully, mort en 1196, est évidemment antérieur à Latran IV et à l'apparition des ordres mendiants, mais, selon l'hypothèse que l'on choisit, la version française peut en être contemporaine, voire lui être légèrement postérieure. Et de toute façon, le canon du concile de Latran n'est que le point d'aboutissement d'une réflexion ancienne sur le sacrement de pénitence, qui avait réellement pris forme à la fin du XIe siècle.

L'importance de la confession, de l'aveu complet des péchés, du repentir sincère, et l'exhortation urgente des simples fidèles à se confesser apparaissent souvent dans l'homiliaire de Maurice de Sully. En voici un autre exemple, d'autant plus saisissant que le sermon est très bref, le plus bref sans doute du recueil. Il est prévu pour une occasion beaucoup moins importante qu'un dimanche de carême. C'est le sermon 41, pour le 19e dimanche après la Pentecôte (« temps ordinaire ») :

> *SERMO IN. XIX. DOMINICA POST PENTECOSTEN.* Confide, fili : remittuntur tibi peccata tua *(Mt 9, 3). Ço nos raconte l'evangiles d'ui que Nostre Sire Deus sana une fois un home d'une enfermeté qui est apelee paralysis. Cest malade li aporterent la gens devant lui en un lit ; e com il vit sa creance, si li dist :* 'Confide, fili, etc., *fil, aies creance', ce dist Nostre Sire, 'ti pecié te sont pardoné. Lieve sus, prent ton lit, va en ta maison.' Cil se leva, si fu garis ; e quant ço virent les gens, si glorefierent Nostre Segnor Deu.*
>
> *Ore, oiés que ço senefie.*
>
> *Ceste enfermetés dont cist hom fu sanés, si est itele que cil qui l'a ne se puet aidier des membres en coi ele est, e s'il l'a par tot le cors, si ne se puet de nul de ses membres aidier. Que senefie plus covenablement ceste enfermetés que pechié, par coi diables malmet les membres e tot le cors de l'ome, e li tolt, qu'il ne puet bien faire ne Deu servir ?*
>
> *< Cil qui aporterent le malade devant Nostre Segnor senefient les buens provoires, qui aportent e dient sovent la parole Deu en sainte Église, e prient por les peceors, que Deus les salve e qu'il l'aiment e servent. > Quar li malvais hom cui diables a encombré de pecié de dampnation n'a pas pooir qu'il puisce a Deu retorner par soi, se li besoigne que li provoire de sainte Église li aident.*
>
> *Li lis en coi il gisoit e u les gens le portoient, senefie les cors des peceors, en cui l'ame gist en pecié de dampnation. Ore totes les ores que Deus oste l'home de pecié de dampnation, totes iceles hores garist il le paraletique de s'enferté. Prions Deu qu'il nos ost l'enfermeté de nos cors e de nos ames, ço est qu'il nos pardoinst nos peciés, e qu'il deffende nos cors de tos maus, e il nos doinst force e pooir de bien faire, tel bien que nos puisons deservir sa glorie,* in qua vivit et regnat[1]...

1. Éd. C. A. Robson, *Maurice of Sully and the Medieval Vernacular Homily*, p. 161-162.

SERMON POUR LE. XIX. DIMANCHE APRÈS PÂQUES. *Confide, fili : remittuntur tibi peccata tua* (Aie confiance, mon fils : tes péchés te sont remis, Mt 9, 3). L'évangile d'aujourd'hui nous raconte que Notre Seigneur Dieu guérit une fois un homme d'une maladie qu'on appelle paralysie. Les gens apportèrent ce malade devant lui sur un lit. En voyant sa foi, il lui dit : « *Confide, fili, etc.*, Crois, mon fils, tes péchés te sont pardonnés. Lève-toi, prends ton lit et rentre dans ta maison. » L'autre se leva et fut guéri. Et quand les gens virent cela, ils glorifièrent Notre Seigneur Dieu.

Écoutez maintenant ce que cela signifie.

La maladie dont cet homme fut guéri est de telle nature que celui qui en est atteint ne peut se servir des membres où elle est logée, et s'il l'a dans le corps entier, il ne peut se servir d'aucun de ses membres. Qu'est-ce que cette maladie désigne mieux que le péché, par quoi le diable s'attaque aux membres et au corps entier de l'homme, de sorte qu'il ne peut ni faire le bien ni servir Dieu ?

Ceux qui apportèrent le malade devant Notre Seigneur signifient les bons prêtres, qui dans la sainte Église portent et disent sans cesse la parole de Dieu et prient pour que Dieu sauve les pécheurs et qu'ils l'aiment et le servent. Car l'homme mauvais, que le diable a chargé du péché mortel, n'a pas le pouvoir de revenir à Dieu par lui-même et il a besoin que les prêtres de la sainte Église viennent à son aide.

Le lit dans lequel il gisait et où les gens le portaient signifie les corps des pécheurs, dans lesquels l'âme est couchée en état de péché mortel. Chaque fois que Dieu arrache l'homme à l'état de péché mortel, chaque fois il guérit le paralytique de sa maladie.

Prions Dieu qu'il enlève la maladie de nos corps et de nos âmes, qu'il protège nos corps de tous maux et qu'il nous donne la force et le pouvoir de faire le bien, un bien tel que nous puissions mériter sa gloire, *in qua vivit et regnat...*

Ce bref sermon est, si l'on peut dire, bien envoyé. La double conclusion est frappante. La première est que Dieu guérit le paralytique chaque fois qu'il sauve l'homme du péché qui mène à la damnation. La seconde est que Dieu nous sauve à la fois des maladies du corps et de celles de l'âme, idée que Maurice exprime aussi dans son commentaire du *Pater* :

> *DE SEPTIMA PETITIONE.* Sed libera nos a malo *: mais delivre nos de mal. De quel mal ? De tos maus : del mal del cors e del mal de l'ame, c'est del mal de cest siecle e del mal de l'autre, ço est del mal qui est apelés peciés, e del mal qui est apelés paine.*
>
> SEPTIÈME DEMANDE. *Sed libera nos a malo* : mais délivre nous du mal. De quel mal ? De tous les maux : du mal du corps et du mal de l'âme, autrement dit du mal de ce monde et du mal de l'autre, autrement dit du mal qu'on appelle péché et du mal qu'on appelle souffrance.

La formulation du sermon, moins rhétorique, moins émouvante peut-être, est plus ramassée. Encore une fois, tout le sermon est remarquablement court. Parce que c'est un sermon aux « simples gens » ? Certainement. L'ajout de la version française qui précise que les porteurs du paralytique sont les « bons prêtres » est une manière d'exhorter les fidèles à faire confiance à leurs pasteurs, qui les conduisent à Dieu, médiation nécessaire, car l'homme au pouvoir du péché ne peut y parvenir par ses propres forces. Mais précisément parce qu'il vise la concision et la clarté, ce sermon traite la péricope évangélique avec habileté. Dans l'évangile de Matthieu, comme dans les deux autres synoptiques (Marc ajoute le détail que, ne pouvant parvenir avec la civière jusqu'à Jésus, les porteurs la font descendre par le toit après avoir enlevé les tuiles), le Christ dit d'abord au paralytique : *Confide, fili, remittuntur tibi peccata tua*, « Aie confiance, mon fils : tes péchés te sont remis. ». Devinant que les scribes sont scandalisés de le voir s'attribuer le pouvoir de remettre les péchés, il ajoute : « Qu'est-ce qui est le plus facile ? De dire : "Tes péchés te sont pardonnés" ou de dire : "Lève-toi et marche" ? Eh bien, pour que vous sachiez que le Fils de l'homme a sur terre le pouvoir de remettre les péchés : “Lève-toi, dit-il au paralytique, prends ton lit et rentre chez toi.” Et il se leva et rentra chez lui. » Contrairement à l’habitude, le sermon ne paraphrase pas l’ensemble du récit évangélique et renonce ainsi à exploiter ce qu’il a d’anecdotique et de pittoresque. Il va droit à l’enseignement que le Christ tire de son propre miracle. Il le prend au mot : le vrai miracle n’est pas de faire marcher un paralytique ; c’est de pouvoir remettre les péchés. La leçon est claire. Le miracle, comme le veut le Christ, n’est que son support.

Il y a là, non pas la reproduction un peu complaisante, un peu condescendante, de la façon de parler des simples et de leur ton entendu, comme dans le sermon cité plus haut, mais un discours adapté aux simples, capables de leur faire saisir clairement le sens d’un épisode complexe et qui, pour y parvenir, renonce à exploiter à la manière d’un *exemplum* les ressources narratives et la séduction immédiate du récit évangélique.

Dans quelques cas, enfin, Maurice de Sully fait passer au second plan les textes du jour pour s’intéresser directement aux simples fidèles qui sont devant lui, sous ses yeux, et qui l’écoutent. En voici, pour en terminer avec lui, quelques exemples.

Après le sermon aux prêtres, le commentaire du *Credo* et celui du *Pater* qui ouvrent son homiliaire, le premier sermon du temps est celui pour la circoncision. Il s’ouvre, comme il est naturel, par la citation du bref évangile du jour : *Postquam consummati sunt dies octo, ut circumcideretur, vocatum est nomen ejus Jesus* (Lc 2, 21, « Quand huit jours furent écoulés, au moment où il devait être circoncis, on lui donna le nom de Jésus »). Le commentaire est particulièrement limpide et adapté aux simples. Mais il est séparé de la citation initiale par une entrée en matière totalement différente. Voici d’abord le commentaire, le sermon lui-même, qui est encore moins ambitieux que ceux que nous avons vus jusqu’ici et mérite pour cela d’être cité :

Nos trovons lisant en la sainte evangile d'ui, que Nostre Sire Deus, por ço qu'il par soi meïsmes volt garder le loi qu'il avoit donnée, qu'il a l'uisme jor de sa naisence, qui hui est, volt estre circuncis. Molt nos est grans senefiance la soie circuncisions ; quar solonc la cosume de la loi li fu trencie e ostee la pelete de sa nature. A essample de lui devons nos oster e trencier tote maniere de pechier, si com est ordure de luxurie, malvaistiés de covoitise, prester a usure, vendre a terme, larecins, roberie, glotonie, ivrece, faussetés, trecerie, mençongne, haine : e tote maniere de pechié devons nos trencier e oster de nos, ne mie tant solement de nos menbres, mais dedens nos corages ; e se nos le faisons ensi, si seromes circuncis esperitelment, si com nos senefie la circuncisions Nostre Segnor, par coi il fu circuncis corporelment ; e si serons renovelés en ces Ans Renuef par le salveté de nos cors e de nos ames, par coi Deus renovele ses fils e ses filles qu'il a porveüs a la salveté de sa glorie[1].

Nous lisons dans le saint évangile d'aujourd'hui que Notre Seigneur Dieu, voulant observer lui-même la loi qu'il avait donnée, voulut être circoncis le huitième jour après sa naissance, c'est-à-dire aujourd'hui. Sa circoncision a pour nous une grande signification, car selon la coutume de la loi, la petite peau de ses parties naturelles lui fut coupée et ôtée. À son exemple, nous devons ôter et trancher toute espèce de péché, comme l'ordure de luxure, la méchanceté de la convoitise, prêter à usure, vendre à terme, larcins, vols, gloutonnerie, ivresse, fausseté, tricherie, mensonge, haine. Nous devons trancher et ôter de nous toute espèce de péché, non seulement de nos membres, mais de nos pensées. Si nous agissons ainsi, nous serons circoncis spirituellement, comme le signifie pour nous la circoncision de Notre Seigneur, par laquelle il fut circoncis physiquement. Nous serons ainsi renouvelés en cet An Nouveau par la santé de nos corps et de nos âmes, par quoi Dieu renouvelle ses fils et ses filles qu'il a destinés au salut de sa gloire.

La raison théologique de la circoncision est donnée brièvement, mais fermement : Dieu fait homme se plie à la loi

1. Éd. C. A. Robson, *Maurice of Sully and the Medieval Vernacular Homily*, p. 87.

que Dieu a donnée aux hommes. La circoncision morale à laquelle le prédicateur invite est l'occasion d'énumérer les péchés dont les fidèles peuvent se rendre coupables et de leur proposer ainsi un modèle d'examen de conscience : la confession est toujours présente à l'arrière-plan. On note l'attention prêtée aux péchés concrets qui dérivent de la convoitise, et qui sont spécifiquement les fautes de la population urbaine d'artisans et de commerçants à laquelle s'adresse l'évêque de Paris. Ce qu'il propose à ses ouailles, ce sont très exactement les bonnes résolutions du nouvel an.

La version longue ajoute à la suite de ce développement une brève conclusion qui n'apporte pas grand-chose.

Mais entre la citation initiale de l'évangile en latin et sa traduction suivie de son commentaire que nous venons de lire, s'insère, comme je le disais, une entrée en matière toute différente, que voici. Ce sont donc les premiers mots du sermon :

> *Segnor e dames, hui si est li premiers jors de l'an, qui est apelés An Renués. A icest jor suelent li malvais crestïen, solonc le costume des païens, faire sorceries e charaïes ; e par lor sorceries et par lor caraïes suelent espermenter les aventures qui sont a venir. Hui suelent entendre a malvais geus faire, e metre lor creance en estrenes ; e disoient que nus n'esteroit riches en l'an s'il n'estoit hui estrinés. Masi nos devons laisier iceles coses qui apertienent a folie e a mescreance, e faire iceles coses qui apertienent a la vie pardurable conquerre.*
>
> *Nos trovons lisant en la sainte evangile d'ui…*

Seigneurs et dames, aujourd'hui est le premier jour de l'an, que l'on appelle An Nouveau. Ce jour-là les mauvais chrétiens ont l'habitude, selon la coutume des païens, de faire des sorcelleries et des sortilèges. Et par leurs sorcelleries et par leurs sortilèges, ils ont l'habitude d'essayer de deviner les événements qui sont à venir. Aujourd'hui ils ont l'habitude de s'occuper à de mauvais jeux et d'ajouter foi aux étrennes : ils disaient que nul ne serait riche dans l'année s'il ne recevait pas d'étrennes aujourd'hui. Mais nous devons laisser ces choses qui sont pour les sots et les mécréants, et nous devons faire celles qui permettent de gagner la vie éternelle.

Nous trouvons dans le saint évangile d'aujourd'hui[1]...

Ce développement, tiré d'une homélie patristique, figurait dans le lectionnaire de Paris, c'est-à-dire le livre rassemblant les lectures faites pendant les offices de l'année. S'il est intégré à ce sermon, hâtivement (il en constitue les premiers mots) et un peu maladroitement (il s'insère hors contexte entre la citation de l'évangile et son commentaire), c'est que les pratiques superstitieuses et héritées du paganisme en usage dans le peuple étaient une source de préoccupations pour l'Église. Ces pratiques étaient tellement entrées dans les mœurs au moment de la célébration de l'année nouvelle qu'il a été impossible de faire disparaître la coutume des étrennes, malgré un effort largement réussi pour déplacer le jour des cadeaux en le faisant remonter à la Saint-Nicolas (6 décembre) ou à Noël.

Un autre sermon est véritablement centré sur l'auditoire que le prédicateur a sous les yeux. C'est celui de Pâques[2]. Il prend pour thème, non l'évangile de la messe de Pâques, mais Jn 6, 54 : *Qui manducat carnem meam et bibit sanguinem meum, habet vitam eternam et ego resuscitabo eum in novissimo die*, « Celui qui mange ma chair et boit mon sang a la vie éternelle et je le ressusciterai au dernier jour ». Tout le sermon consiste à inviter les fidèles à rentrer en eux-mêmes, à faire leur examen de conscience et à vérifier s'ils sont dignes ou non de communier, en ce jour où on le faisait, ce qui était très rare. Le prédicateur s'inquiète de ne pouvoir vérifier lui-même s'ils remplissent ces conditions, mais il invite ceux qui se sentent indignes de la communion à se contenter de

1. *Ibid.*

2. Sermon 15, éd. C. A. Robson, *Maurice of Sully and the Medieval Vernacular Homily*, p. 113-116.

prendre du pain béni – non, ajoute-t-il, que le pain béni soit efficace ni même qu'ils en soient dignes. Surtout, que ceux qui ne se sont pas confessés se gardent bien, sur la vie de leur âme, de communier. Et le sermon s'achève sur la recommandation extraordinairement concrète de ne pas chahuter en sortant de l'église et de ne pas trop manger ni trop boire en ce jour de fête :

> *Or commandons nos de par Deu a vos tos qui çaiens devés acumeniier, que quant vendra après la messe, que vous vegniés si saintement que li uns ne face presse a l'autre, e que vos ne vegniés li uns l'autre botant, ne riant, ne gabant, ne fole parole disant, mais saintement e honereement e humelement, si com il covient a si digne cose recevoir com est li cors Nostre Segnor par cui nos devons estre sauf. Gardés vos enfans e vos maisnies de trop mangier et de trop boire, que a vos ne a els n'aviengne cose qui soit peciés. Se vos icés coses volés garder e maintenir que jo vos ai dites, si avrés la vie pardurable e Nostre Sire vos ressuscitera au jor del juise e vos metra en sa gloire,* quod nobis prestare…
>
> Maintenant, nous recommandons de par Dieu, à vous tous qui devez communier ici-même, qu'après la messe, vous sortiez bien saintement, sans vous pousser l'un l'autre, sans vous bousculer, ni rire, ni plaisanter, ni dire des paroles inconvenantes, mais saintement, dignement et humblement, comme il convient dans une circonstance aussi digne que celle où l'on reçoit le corps de Notre Seigneur, par lequel nous devons être sauvés. Empêchez vos enfants et les gens de votre maison de trop manger et de trop boire, que ni vous ni eux ne tombiez dans le péché. Si vous voulez bien le faire et observer les recommandations que je vous ai faites, vous aurez la vie éternelle, Notre Seigneur vous ressuscitera au jour du Jugement et vous mettra dans sa gloire, *quod nobis prestare…*

Dernier exemple, où l'attention à la vie quotidienne des fidèles prime sur le commentaire de l'évangile du jour : le sermon pour le dimanche après Pâques, que l'on appelait autrefois le dimanche de Quasimodo. Le passage en question est le doute de Thomas, à la fin de l'évangile de Jean. Le thème du sermon est l'ultime parole du Christ : *Quia vidisti me, Thoma, credidisti : beati qui non viderunt et crediderunt*, « Parce que tu m'as vu, Thomas, tu as cru : bienheureux ceux qui n'ont pas vu et qui croiront » (Jn 20, 29). Immédiatement après cette citation, le sermon commence en ces termes :

> *Segnor, passez est le Quaresme, passée est le Pasque. Li plusor sunt confés e acomenié, deguerpi ont li plusor le diable e ses ovres, pris se sunt a Deu e a sun servise. Or pot estre aviz a cascun de vos qu'il ne soit mie meister de sarmoner, de la gent amonester qu'il se gardent del diable e de ses aguais. Ore sachiez qu'il est grandre mestier que hom parolt ore de Deu qu'en altre tans, que hom castist les homes et les femmes. Kar li diables a ore mult perdu, si est dolans de sun damage, se va environ por restorer se perte, e pur trebuchier les homes en pechié ; si voit le tans eschalfer, les jors enbelir, les viandes amender, le gent plus bel vestir et les fols ententifs as geus, les femmes mener les karoles, et les bacheliers déduire, si li samble que totes ces choses soient convenables a sun oes e a le gent décevoir. Ore pur ço qu'il est irés de sa perte e qu'il voit le tans covenable a sun damage restorer, si va entor pur ensaer que il puisse dévorer, e que il puisse engignier e trébucher en pechié*[1].

Seigneurs, le Carême est passé, la Pâque est passée. La plupart se sont confessés et ont communié, la plupart ont renoncé au diable et à ses œuvres, ils se sont tournés vers Dieu et mis à son service. Peut-être chacun de vous pense-t-il que maintenant, plus besoin de sermonner et d'admonester les gens en leur disant de se garder du diable et de ses pièges. Sachez donc qu'il est plus grand besoin maintenant qu'en un autre temps de parler de Dieu et de faire des recommandations aux hommes et aux femmes. Car le diable a en ce moment beaucoup perdu, il souffre du dommage qu'il a subi, et il rôde pour restaurer sa perte et pour faire tomber les hommes dans le péché. Il voit le

1. Sermon 16, C. A. Robson, *Maurice of Sully and the Medieval Vernacular Homily*, p. 116-117.

temps se réchauffer, les jours embellir, la nourriture s'améliorer, les gens mieux s'habiller et les fous ne penser qu'à leurs jeux, les femmes mener les danses et les jeunes gens s'amuser ; et il lui semble que toutes ces choses sont favorables à ses projets et à tromper les gens. En ce moment, comme il est irrité de sa perte et qu'il voit le temps favorable pour effacer son dommage, il rôde pour capturer quelqu'un qu'il puisse dévorer, tromper, précipiter dans le péché.

Cet exorde, comme il arrive ailleurs dans l'homiliaire de Maurice de Sully, est proche d'un sermon de Richard de Saint-Victor (sermon XXIV). Mais ce qu'il a de remarquable, c'est la peinture concrète du diable. Il a, dans une perspective eschatologique, tout perdu par la résurrection du Christ à Pâques et par la libération de ceux qu'il a ainsi arrachés au pouvoir du diable et tiré de l'enfer ; et il a, dans une perspective morale, tout perdu, au moins provisoirement, espère-t-il, par la confession et la communion pascale des fidèles. Il cherche donc à se refaire. Présentation concrète, familière, proche de ces contes populaires qui tournent autour des ruses du diable. Façon de mettre les fidèles en garde, sur un ton familier et qui leur est familier, contre les tentations propres au printemps, présentées elles aussi, non seulement de façon concrète, mais en calquant les rythmes et les rimes de ces chansons à danser qui induisent la jeunesse en tentation :

Si voit le tans eschalfer,	Il voit le temps se réchauffer,
Les jors enbelir,	Les jours embellir
Les viandes amender,	La nourriture s'améliorer,
Le gent plus bel vestir.	Les gens mieux se vêtir.

C'est un quatrain à rimes croisées qui pourrait être tiré d'une chanson.

On relève aussi l'observation que les fidèles en ont assez d'entendre prêcher : observation qui, jointe aux allusions à la joyeuse et bruyante pagaille qui accompagne la sortie de la messe de Pâques dans le sermon précédent, laisse deviner des fidèles turbulents et peut-être peu dociles. Un autre prédicateur se plaint que, lorsqu'il prêche trop longuement, on l'interrompt en lui disant : « Prud'homme, laissez-nous aller à nos affaires. »

Mais les prédicateurs ont de la défense.

ENTRE ÉDIFICATION ET DÉMAGOGIE

Le sermon d'Amiens

Voici maintenant un exemple d'une méthode qui procède à l'inverse de Maurice de Sully, toujours soucieux du progrès spirituel des fidèles. C'est celui d'un long sermon français du XIIIe siècle qui est explicitement adressé aux simples, qui sait parfaitement ce qu'il veut leur enseigner mais aussi ce qu'il veut leur extorquer et qui sait également, ou du moins croit savoir, comment jouer de leur simplicité. Son ton est véhément, familier et menaçant, à l'opposé de celui de Maurice de Sully, mesuré, sentencieux, paternel et au fond rassurant. Chez lui, ce ne sont qu'éclats de voix, interjections, apostrophes, répétitions, accumulations, paralogismes, passage brutal de l'intimidation à la connivence et inversement.

Il y aura bientôt un demi-siècle, dans ma « grande thèse », comme on disait alors, j'avais réservé une place importante à ce sermon que j'appelais « le sermon d'Amiens » et dont je citais de longs passages[1]. J'en avais fait à l'époque une copie intégrale et je me promettais de l'éditer. L'excellent philologue et maître bienveillant qu'était Jacques Chaurand en avait lui-même à la même époque l'intention et il m'avait

1. M. Zink, *La prédication en langue romane avant 1300*, Paris, Champion, 1976, 2e éd. 1982.

généreusement communiqué des éléments qu'il avait rassemblés. Mais il est mort avant d'avoir réalisé ce projet. Pour moi, je l'ai sans cesse remis. Heureusement, car Mme Annette Brasseur-Péry en a donné il y a peu d'années une excellente et savante édition, bien meilleure que n'aurait été la mienne. Elle complète et souvent rectifie tout ce que j'avais pu écrire. Mais elle a eu la générosité de conserver à ce texte très intéressant le titre que je lui avais donné[1]. Je précise enfin que ce n'est pas moi qui l'ai découvert. Il avait été publié une première fois en 1876 par le Chanoine Crampon[2].

Le manuscrit, retrouvé au XIXe siècle, est constitué de huit petits feuillets de parchemin qui ne semblent pas avoir jamais été reliés et dont l'écriture est de la fin du XIIIe siècle. Ils sont couverts d'une écriture serrée sur deux colonnes, à raison de trente-quatre lignes par colonne. Ce n'est pas un brouillon : il n'y a pas de ratures, l'écriture est soignée, sans abréviations, les citations latines sont en lettres plus grosses et plus épaisses et quatre rubriques dans le cours du développement délimitent des parties qui en fait ne correspondent pas vraiment au plan réel du sermon, ce qui n'a rien d'exceptionnel. Le texte est incomplet, mais il ne semble pas en manquer beaucoup.

Ce sermon n'a pas été prêché *dans* la cathédrale d'Amiens, comme le suggère le titre de Crampon et comme le pensait Albert Lecoy de la Marche dans le premier grand ouvrage

---

1. *Le Sermon d'Amiens anonyme du XIIIe siècle en langue vernaculaire*. Éd. et trad. par A. Brasseur, Genève, Droz, 2018.

2. A. Crampon, « Un sermon prêché dans la cathédrale d'Amiens vers 1260 », *Mémoires de la société des antiquaires de Picardie*, 1876. En 2004, Stephen Murray en a publié une transcription accompagnée d'une traduction anglaise : *A Gothic Sermon. Making a Contract with the Mother of God, Saint Mary of Amiens*, University of California Press, 2004. Historien de l'art, S. Murray a écrit une longue et riche introduction dans ce domaine, mais son édition et sa traduction sont trop fautives pour être réellement utilisables.

consacré à la prédication médiévale[1], mais *pour* la cathédrale d'Amiens. Il semble clair qu'il a été prêché dans une autre église du diocèse (ou successivement dans plusieurs églises) dans le cadre d'une mission itinérante destinée à réveiller la pratique religieuse des fidèles et à recueillir des fonds pour l'œuvre de la cathédrale[2]. Le prédicateur, probablement, me semble-t-il, un dominicain, allait de paroisse en paroisse avec les reliques conservées à la cathédrale et prêchait en promettant des indulgences en échange de leurs dons. Divers éléments conduisent à penser, en particulier à partir des éléments que Jacques Chaurant m'avait procurés, que cette tournée devait avoir eu lieu après 1276, disons aux alentours de 1280[3]. À cette date, la cathédrale était en principe achevée, ce qui n'est pourtant jamais réellement le cas, et l'œuvre de la cathédrale pouvait de toute façon avoir besoin d'argent. La datation pourrait être précisée grâce à la mention que fait le prédicateur du pénitencier de l'évêque d'Amiens, un dominicain précisément, nommé Guedon de Douriez (il l'appelle « Wedon de Dan Richier »), dans la bouche duquel il a entendu, dit-il, l'*exemplum* sur lequel s'achève la partie du sermon qui nous est parvenue[4].

Ce ne sont pas ces questions historiques qui nous occupent ici, mais la nature et le ton de ce sermon.

Le prédicateur est un malin. Il fallait qu'il le fût, car sa tâche n'était sans doute pas facile. Il est là pour prêcher une mission, comme on dira au XIXe siècle, c'est-à-dire pour un événement exceptionnel dans la vie d'une paroisse, destiné à

1. A. Lecoy de La Marche, *La chaire française au moyen âge, spécialement au XIIIe siècle*, Paris, 1868.

2. M. Zink, *La prédication en langue romane*, p. 43-45.

3. Après un examen minutieux et prudent du dossier, A. Brasseur conclut à une date située entre 1260 et 1281 (*Le sermon d'Amiens*, P. CLXII-CLXVIII).

4. Voir A. Brasseur, *Le sermon d'Amiens*, P. CXL et p. 74-75.

raviver le zèle des fidèles. Mais il est là aussi pour collecter des dons. Prédicateur itinérant, il parle dans une église qui n'est pas la sienne et a dû pour cela obtenir l'autorisation du curé qui ne l'a peut-être pas donnée de bonne grâce, comme il le laisse quelque peu entendre, puisque l'argent qui ira à l'œuvre de Notre-Dame d'Amiens sera autant de perdu pour les quêtes de la paroisse. Il parle devant des fidèles qui, comme il le dit cette fois nettement, ne se sont pas déplacés en masse pour le seul plaisir d'écouter un sermon et de donner de l'argent. Ils sont surtout mécontents de se voir imposer un jour férié, qui leur fait perdre une journée de travail. Face à cette mauvaise volonté qu'il soupçonne de toute part, il use d'un ton particulier, à la fois autoritaire et démagogique, menaçant et familier – familier à la façon du langage populaire quand il se veut sentencieux. Un ton très différent du ton paternel, au fond bienveillant, de Maurice de Sully. Un mélange d'humour apparent et de menaces voilées ou affichées, une interpellation constante de l'auditoire, pris à partie sur un ton familier et comminatoire, une assurance inébranlable.

On le voit ainsi dès les premiers mots constater (peut-être prévoir, s'il a rédigé son sermon à l'avance !) qu'il n'a pas attiré grand monde. Plus loin, il menace des châtiments de l'enfer ceux qui sont restés à travailler au lieu de venir l'écouter, conformément au mandement de Monseigneur l'évêque. Entre les deux, il remercie le curé qui l'accueille et lui prête son église, tout en soulignant que s'il ne l'avait pas fait, il aurait aussitôt été démis de ses fonctions. La fin de son propos, mais à laquelle il ne parvient qu'après bien des détours, consiste à énumérer les avantages, c'est-à-dire les indulgences, qu'obtiendront ceux qui contribueront à l'œuvre de Notre-Dame d'Amiens. Ces indulgences, c'est-à-dire ces jours de rémission des peines du purgatoire que doivent subir les défunts avant d'accéder au paradis, il les énumère comme un camelot, en les faisant valoir, en en montrant l'utilité par une description effrayante des peines qui attendent les pécheurs, en les accumulant, en en rajoutant encore d'autres en prime quand on croit que c'est fini, en incluant dans les bénéficiaires, non seulement les fidèles présents et généreux donateurs, mais aussi leur famille, leurs parents, leurs proches. Le tout accompagné d'*exempla*. Le premier est celui du clerc Théophile, qui est bien connu, mais qui figure dans ce sermon sous une forme qu'on ne trouve nulle part ailleurs : l'histoire est située à Rome et Théophile se repent en entendant chanter l'office de la Vierge *Salve, sancta pariens* dans l'église Sainte-Marie-la-Ronde, c'est-à-dire le Panthéon. Plus loin, à la fin de la partie du sermon qui nous a été conservée, on trouve l'*exemplum* du marchand qui oublie sa bourse dans l'église et du bourgeois honnête.

Mais comme toujours, les choses sont plus compliquées qu'on ne pense. Ce prédicateur nous paraît cynique et vulgaire. Nous sommes tentés de penser que, dès lors que nous avons percé à jour ses motivations intéressées et ses ruses de voyageur de commerce, nous avons parfaitement éclairé son sermon et qu'il ne reste plus rien à en dire. Ce n'est pas tout à fait vrai. Son propos recèle un véritable enseignement sur le sacrement de pénitence, sur la confession imparfaite, sur les péchés qui peuvent être rachetés par des aumônes ou des offrandes et ceux qui ne le peuvent pas. Il ne dit pas absolument n'importe quoi. Il ne prétend pas que les indulgences accordées par l'évêque valent pour tous les péchés ni qu'il suffit de faire des dons à Notre-Dame d'Amiens pour obtenir l'absolution de toutes ses fautes.

On mettait d'ailleurs en garde à l'époque les clercs et les prélats contre la tentation de faire croire aux fidèles qu'il pourrait en être ainsi. On citait des prélats ou des abbés châtiés par le Ciel pour avoir donné l'absolution à des usuriers à la condition qu'ils employassent leur argent mal acquis à financer la construction d'une cathédrale ou d'un monastère au lieu de le restituer à leurs victimes[1]. On dit que Maurice de Sully lui-même, dans son zèle à avancer les travaux de Notre-Dame de Paris, aurait été sur le point de commettre ce péché, avant de se ressaisir.

Revenons au sermon d'Amiens. Qu'il s'agisse de ses considérations autoritaires et démagogiques ou de ses quelques tentatives pour participer à l'effort constant de la pastorale à son époque en donnant un enseignement sur l'examen de conscience, la confession, la pénitence, les conditions de l'absolution, il use constamment d'un style à la fois vivant et relâché, ponctué d'exclamations et d'interjections si fréquentes qu'on ne sait si ce sont des tics de langage ou si, quand il dit par exemple à tout bout de champ « Faites paix ! », il faut comprendre que son auditoire est effectivement agité. Le ton est tranchant, martelé, mais les phrases longues, parfois emberlificotées, dont la syntaxe est parfois bancale ou rompue, trahissent la hâte de la rédaction ou peut-être une *reportatio*, la transcription de notes prises à l'audition du sermon.

Mais description et paraphrase sont insuffisantes. Écoutons le prédicateur lui-même. Il commence en ces termes :

> *Bele douce gent, tant poi de vous comme il a repairié a sainte glise en l'onnor de la glorieuse Mere Diu sainte Marie d'Amiens, qui est nostre mere eglise, dont vous tenés oile et cresme et bauptesme, noces et mariages, enoliement, enterrement, sains sacremens en est fais en sainte eglise, il m'i couvenra parler, car a ciaus et a celes qui n'i sont, ge n'i parlerai mie.*

> Bonnes gens, si peu nombreux que vous soyez venus à la sainte église, en l'honneur de sainte Marie d'Amiens – la glorieuse Mère de Dieu, qui est notre église mère, dont vous tenez les saintes huiles, le saint chrême, dont pour les baptêmes, les noces et mariages, l'extrême-onction et les enterrements la consécration

1. Fr. C. Tubach, *Index exemplorum. A Handbook of Medieval Religious Tales*, Helsinki, 1969, n° 5047.

est faite dans cette sainte église – C'est à vous qu'il me faudra parler, car à ceux et à celles qui ne sont pas là, je ne parlerai pas[1].

L'église n'est pas pleine. Le prédicateur le constate sur le ton bonhomme de la plaisanterie, celle qui consiste à énoncer une évidence (il parle à ceux qui sont là, pas à ceux qui ne sont pas là), mais ce ton se chargera vite d'une menace. C'est sa méthode : la jovialité menaçante.

Le chanoine Crampon, son premier éditeur, et André Lecoy de la Marche avaient déduit de ces premières lignes que le sermon était prononcé dans la cathédrale. La suite immédiate montrera qu'il n'en est rien : l'église où les quelques fidèles qui écoutent le prédicateur se sont réunis est « sainte », comme l'est toute église, sanctifiée par la présence divine, mais ce n'est pas la « mère église » Notre-Dame d'Amiens. Cependant, le prédicateur lui-même veille à entretenir une ambiguïté qui induit en erreur.

Il commence par créer délibérément une confusion entre la Vierge Marie et l'église qui lui est consacrée : les fidèles « se sont rendus à l'église en l'honneur de la glorieuse mère de Dieu sainte Marie d'Amiens, qui est notre mère église ». Il est vrai que les fidèles sont venus à l'église en l'honneur de la glorieuse mère de Dieu. Il est vrai que, comme tous les chrétiens à cette époque, ils ont l'habitude de prier la Vierge en association avec telle ou telle église ou cathédrale placée sous son invocation : on va en pèlerinage prier Notre Dame de Laon, Notre Dame de Chartres, Notre Dame de Rocamadour, et on écrit des collections de miracles accomplis par la

1. Éd. et trad. A. Brasseur, *Le sermon d'Amiens*, 1, p. 2-3. Toutes les citations et les traductions sont d'après cette édition, dont on n'indiquera désormais que le numéro du paragraphe et la page. Je me permettrai parfois de modifier légèrement la traduction, non pour l'améliorer, mais, presque au contraire, pour qu'une traduction plus littérale permette plus aisément de suivre le texte original et pour rendre plus clairs les commentaires dont je l'accompagnerai.

Vierge dans ses divers sanctuaires. Il est donc vrai aussi que les fidèles sont venus à l'église en l'honneur de la glorieuse mère de Dieu, sainte Marie d'Amiens : jusque-là, rien à dire. Mais le prédicateur ajoute : « Sainte-Marie d'Amiens, qui est notre mère église » : à ce moment-là, il glisse de la Vierge à l'église qui lui est consacrée, au monument, au bâtiment. Il passe de Notre Dame (la Vierge Marie) à Notre-Dame (l'église qui est placée sous son invocation). Et il ne le fait pas par inadvertance ou par une assimilation, encore une fois fréquente à l'époque, de la Vierge à son sanctuaire, car il insiste.

Or cette insistance a pour effet, évidemment volontaire, de faire disparaître la Vierge derrière la cathédrale qui lui est consacrée. Ce sont les actes liturgiques et sacramentaires liés à la cathédrale qu'il met en avant, et si longuement que, lorsqu'arrive enfin la proposition principale (*tant poi de vous comme il a repairié a sainte eglise... il m'i convenra parler*), le manuscrit a oublié que c'est toujours la même phrase et met une majuscule à *Il*. Et il est si soucieux de mettre en avant le rôle de la cathédrale qu'il commet, du point de vue liturgique et sacramentaire, des erreurs pour impressionner son public simple, qui ne s'en apercevra pas.

Il est certes tout à fait exact de dire que c'est dans la cathédrale, lors de la messe chrismale du lundi saint, que l'évêque consacre le saint chrême pour toute l'année et pour toutes les paroisses de son diocèse. Il est tout à fait exact aussi que le saint chrême est utilisé pour les sacrements du baptême et de l'extrême-onction, que le prédicateur appelle précisément *enoliement* (« enhuilement », onction). Mais il n'est utilisé ni pour le mariage ni pour les funérailles. Le prédicateur les mentionne pour donner aux fidèles l'impression que toutes les étapes de leur vie, du berceau à la tombe, du baptême au funérailles en passant par le mariage, dépendent de cette consécration des saintes huiles par l'évêque, qui ne peut en effet avoir lieu que dans la cathédrale.

Après cette entrée en matière, le prédicateur précise que ce jour où les reliques de la cathédrale sont dans la paroisse et où lui-même prononce son sermon, est, par ordre de l'évêque, férié et chômé sous peine d'excommunication. Bien qu'il s'adresse toujours aux fidèles (*Bele douce gent*), l'avertissement vise aussi le curé de la paroisse qui l'accueille. Il lui met sous les yeux les châtiments qui l'auraient frappé s'il ne l'avait pas fait, avant d'expliquer aux fidèles que, s'ils travaillaient en ce jour, l'enfer serait leur lot. Et toujours sur le même ton de bonhommie menaçante, ponctué d'expressions familières fortement assertives :

> *Bele douce gent, me sire l'evesques d'Amiens, qui est nostre sire esperitueus et qui est ou lieu Nostre Segneur en terre, manda et commanda a vo segneur de prestre et a tous les autres prestres qui sont en son evesquié, dont il i a. VII.C. et. LXXVII., que en quelconques lieu les beneoites reliques et li mesage de l'eglise d'Amiens venroient, que li jour et les festes fusent gardees entièrement, si hautement comme le saint jor de Noël et comme le saint jor de Pasques et de saint diemence, en vertu de sainte obédience, destroitement, seur paine d'escommeniement.*
>
> Bonnes gens, Monseigneur l'évêque d'Amiens, qui est notre seigneur spirituel et qui est sur terre en place de Notre-Seigneur, a fait savoir et ordonné à Monsieur votre prêtre et à tous les autres prêtres de son diocèse (ils sont 777) que, en quelque lieu où viendraient les saintes reliques et l'envoyé de l'église d'Amiens, ces jours fériés fussent entièrement observés, autant que le saint jour de Noël et le saint jour de Pâques et le saint dimanche, au nom de la sainte obéissance, strictement, sous peine d'excommunication[1].

Le nombre de prêtres dans le diocèse d'Amiens peut intéresser l'historien, mais, dans la bouche du prédicateur, sa mention n'a aucune raison d'être, sinon d'impressionner par un gros chiffre sans rapport avec le sujet.

Suit l'avertissement au prêtre :

1. *Ibid.*, 2.

Se Dex vous beneïe, vos sire de prestres a il fait le commandement mensegneur l'evesque ? Certes, maistre, oïl. Par mon chief, il a fait que sages, que saciés entièrement que si tost comme il fust aperceus qu'il eüst pechié en trespassement du commandement de sainte obedience, il deüst avoir depoillié et osté deseur lui les beneoites armes Nostre Segneur, comme la casure et l'amit et l'aube et l'estole, dusc'a l'eure qu'il eüst este a sainte confession et a sainte repentance des commandemens qu'il aroit trespassés de sainte obedience. Que sachiés entièrement que si li prestres estoit inobediens, il seroit inregulers, et se il estoit inregulers, il ne troveroit archevesque ne evesque ne prestre curé qui l'en carchast penitance, ne qui digneté en eüst, dusque il aroit parlé a l'apostoile de Rome, dont Dex nous dist cele parole par la bouche de Samuel le profete : Major est obedientia quam victima [1 S 15, 22] *; li autre dient* quam victime, *et nequedent bon est et l'un et l'autre.*

Dieu vous bénisse, Monsieur votre prêtre a-t-il obéi au commandement de Monseigneur l'évêque ? Oui, bien sûr, maître ! Par ma tête, il a agi sagement, car sachez bien qu'aussitôt constaté qu'il aurait péché en transgressant le commandement de sainte obéissance, il aurait dû se dépouiller et ôter de sur sa personne les armes bénies de Notre Seigneur comme la chasuble, l'amict, l'aube, l'étole, jusqu'au moment où il se serait confessé et serait venu au saint repentir d'avoir transgressé les commandements de la sainte obéissance. Car sachez bien que si le prêtre était désobéissant, il serait hors de la règle et s'il était hors de la règle, il ne trouverait ni archevêque, ni évêque, ni curé de paroisse pour lui administrer la pénitence ni qui en aurait le pouvoir, jusqu'à ce qu'il soit allé dire sa faute au pape de Rome. À ce propos Dieu nous dit cette parole par la bouche du prophète Samuel : *Major est obedientia quam victima* (« L'obéissance vaut mieux que le sacrifice de la victime ») ; certains disent *quam victimae* (« que les sacrifices »), mais les deux sont valables[1].

Là encore, tout lui est bon pour impressionner un auditoire simple : l'énumération des vêtements liturgiques, le

1. *Ibid.*, 3-7.

détail de l'interdit et de la façon dont il peut être levé, le pédantisme de la double leçon du texte biblique, qu'il est sans intérêt de souligner et qu'il ne se donne pas la peine de traduire.

Voici à présent, sur le chapitre de l'obéissance, et en citant toujours de façon continue le début du sermon, l'intimidation à l'intention des fidèles qui auraient le malheur d'aller travailler ce jour-là :

> *Saciés entièrement que tant est fors chose de trespasser obedience qu'il n'est cuers d'ome ne de fame qui le seüst penser ne langue qui le seüst descrire.*
>
> *Dont nous trovons en l'Escriture que li homs et la fame qui hui en cest jor est demorés en son terrien labourage, il est demorés malvaisement et seur escons et seur le trespassement de sainte obedience ; dont nous trovons que li hom et la fame qui hui en cest jor est demourés, il peche tout autrestant comme fist Eve et Adans qui mengierent la pome que Nostre Segneur leur avoit défendu qu'il n'en goutassent. Bele douce gent, saciés par bone vérité que pour tant seulement que Adans et Eve trespasserent le commandement d'obedience, il furent. VC. ans et. XIIII. en la mort et en le passion d'enfer, dont Dex nous gart tous et toutes par sa grant pité et par sa grant misericorde ! Biaus amis et tu, bele amie, Nostre Segneur nous dist ceste parole :* Ubi te invenero, ibi te judicabo. *Si m'aiut Dex, Nostre Segneur dist par cele parole : « Pechierres, fait Nostre Segneur, la u ge te troverai, la te jugerai. Or sacés entièrement que cil et celes qui sont demoré en tel point comme ge vous ai devisé, il seront malvaisement pris, que saciés par bone vérité que s'il estoient pris en la pièce de terre sans confession et sans repentance, il seroient jugié a la mort et la passion d'enfer, tant com Dex sera Dex, ne ja merci Dex n'en ara.*

Mettez-vous bien dans la tête que manquer à l'obéissance est un acte si grave qu'aucun cœur d'homme ou de femme ne saurait le penser ni aucune langue le décrire.

À ce sujet, nous trouvons dans l'Écriture que l'homme ou la femme qui en ce jour est resté à travailler sur sa terre, y est demeuré de façon coupable, en cachette et au mépris de la sainte obéissance. C'est pourquoi nous voyons bien que l'homme ou la femme qui s'est abstenu de venir aujourd'hui pèche aussi gravement que le firent Adam et Ève qui mangèrent le fruit auquel Notre Seigneur leur avait interdit de goûter. Mes bonnes gens, sachez en toute vérité que pour avoir seulement transgressé le commandement d'obéissance, Adam et Ève restèrent 514 *(sic, sans doute pour 5014)* ans dans la mort et les souffrances de l'enfer, dont Dieu dans sa grande pitié et sa grande miséricorde nous garde tous et toutes !

Mon ami et toi, mon amie, Notre Seigneur nous dit cette parole : *Ubi te invenero, ibi te judicabo*. Que Dieu me garde, Notre Seigneur nous dit par cette parole : « Pécheur, dit Notre Seigneur, là où je te trouverai, c'est là que je te jugerai. » Or sachez bien que ceux et celles qui ne sont pas venus, de la façon que je vous ai dite, ils seront cruellement surpris, car sachez en toute vérité que s'ils étaient surpris par la mort sur leur pièce de terre sans confession et sans repentir, ils seraient condamnés à la mort et aux tourments de l'enfer, aussi vrai que Dieu est Dieu, et jamais Dieu n'aura pitié d'eux[1].

Contrairement à ce que prétend le prédicateur, la phrase *Ubi te invenero, ibi te judicabo* (« Je te jugerai là où je te trouverai ») ne se trouve pas dans la Bible et ce n'est nullement Notre Seigneur qui la prononce[2]. C'est un adage juridique ancien, encore invoqué dans le droit actuel, qui autorise à poursuivre le coupable hors de la juridiction où il a commis son crime. Mais le mode de citation est typique du prédicateur d'Amiens. Son sermon n'est pas construit comme un sermon universitaire : pas de thème, pas de prothème, pas de division du thème, pas d'argumentation logique fondée sur un enchaînement de citations scripturaires. Mais, alors

1. *Ibid.* 8-13.

2. S. Murray (*A Gothic Sermon. Making a Contract with the Mother of God, Saint Mary of Amiens*, p. 143) la relève dans la *Vie de Louis le Gros* de Suger, *Patrologia Latina* 186, 1326b, où elle figure dans le récit de l'assassinat du comte Charles de Flandre ; elle est précédée de la mention *cum scriptum sit*, mais la formule ne renvoie pas nécessairement à la Bible.

que le prédicateur s'adresse à un public simple et multiplie les ficelles capables d'accrocher un tel public, il fait d'assez nombreuses citations latines. C'est une ficelle de plus : impressionner son auditoire en étalant une science qui le dépasse. Il tient dans une langue simple des propos simples et il recourt à des *exempla*, bref il suit les recommandations de Jacques de Vitry. Mais il va au-delà par une habileté insidieuse, insistante et modérément scrupuleuse. Il maîtrise parfaitement l'art de parler aux simples que notre époque révère, enseigne et pratique sous le nom de techniques de la communication. Il faudrait lire son sermon d'un bout à l'autre, avec son ton à la fois racoleur, autoritaire, jovial et intimidant, ses digressions et ses *exempla* qui n'égarent l'auditeur que pour l'amener exactement au point où on veut le conduire. Il aurait fait un excellent vendeur de voitures d'occasion.

Rappelons-nous : il a commencé en remarquant avec bonhommie et résignation que ceux qui se sont déplacés pour l'entendre ne sont pas bien nombreux. Puis il a paru oublier ce point pour féliciter le prêtre du lieu de le laisser parler dans son église en soulignant surtout que c'était un ordre de l'évêque et en énumérant les châtiments à quoi il se serait exposé en refusant d'obéir. De là, il est passé aux tourments de l'enfer qui attendent les chrétiens désobéissants, par exemple ceux qui sont restés à travailler leur terre au lieu de venir l'écouter. Retour, donc, à la remarque initiale. Ceux qui ont ainsi désobéi et ne veulent pas écouter la parole de Dieu « comme si elle leur puait » encourent la malédiction de l'Église entière, avec énumération de toutes les catégories de clercs, religieux et prélats (p. 66). Or, Notre Seigneur a dit d'aimer son prochain comme soi-même : si vous aimez votre prochain comme vous-même, allez chercher ceux qui ne sont pas venus à l'église ; vous les connaissez mieux que moi, vous savez où ils habitent et où les trouver.

Et puis, enchaîne-t-il, faites à sainte Marie « une petite bonté qui ne vous coûtera ni denier ni obole[1] » : allez en pèlerinage auprès d'elle en l'honneur de la Passion de Notre Seigneur, dont il rappelle les souffrances en accumulant les détails horribles. Vous y gagnerez la rémission de certains péchés et des indulgences. Faites-le savoir à ceux qui ne sont pas venus ! Rémission du péché d'avoir mal observé les fêtes, et quarante jours de *pardon* (d'indulgence) simplement en assistant à l'office de la Vierge. Il insiste, il compte les jours, il répète que cela ne coûte « ni denier ni obole ». Approchez-vous, dit-il, écoutez bien, « prêtez-moi vos yeux pour voir, vos oreilles pour écouter, vos cœurs pour bien retenir », afin de le répéter aux autres, car *parole mal entendue est mal rendue*[2]. Et il ajoute :

> *Sachiés ge ai esté en maint lieu, et moult ai oï aucune fois quant cil home et ces fames repairoient d'aucun preudome qui avoit son cors derompu et sa teste a aus ensaignier la voie de vérité, et saciés par une oreille lor entroit et par l'autre lor isoit, et donc dient li uns a l'autre : « Dex, dame sainte Marie, com cest preudom a bien sarmoné ! » « Et c'a il dit ? » fait li uns a l'autre. « En non Diu, ge ne sai. » Or poés bien savoir comme il i a prest le cuer pour retenir et les ex pour resgarder et oreilles pour oïr.*

Sachez que j'ai été en maint lieu et que j'ai souvent entendu hommes et femmes qui revenaient d'auprès un saint homme qui s'était fatigué et cassé la tête pour leur enseigner la voie de vérité : sachez que cela leur entrait par une oreille et sortait par l'autre. Ils se disent l'un à l'autre : « Mon Dieu ! Sainte Vierge ! comme cet homme de bien a fait un beau sermon ! » « Et qu'a-t-il dit ? », se demandent-ils l'un à l'autre. « Mon Dieu, je ne sais pas. » Eh bien, vous pouvez comprendre comment celui-là a prêté son cœur pour retenir, ses yeux pour regarder et ses oreilles pour entendre[3] !

1. Éd. A. Brasseur, *Le sermon d'Amiens*, 29 et 37.
2. *Ibid.*, 43.
3. *Ibid.*, 44-47.

Ce n'est pas mal trouvé et ce n'est pas mal dit. Avouons que, si nous rentrons en nous-mêmes, nous nous sentons tous visés.

Le prédicateur en vient enfin au cœur de son propos : inciter à la confession et à la pénitence en les effrayant et en leur décrivant l'horreur des peines du purgatoire, puis leur offrir la possibilité de les alléger par un don à l'œuvre de la cathédrale d'Amiens. Sa méthode ? Faire miroiter ce qui est gratuit, traiter avec discrétion ce qui ne l'est pas. Jongler avec les chiffres. Offrir des primes. Dès le début du sermon, il annonce quarante jours d'indulgence gratuits, obtenus du seul fait de venir à l'église, plus quarante autres jours si l'on « veille à l'achèvement de la besogne de la douce Mère de Dieu, sainte Marie », formule contournée qui désigne sans doute une contribution :

> *Aprés i gaaigniés vous encore qui mex vaut, que pour seulement venir de leurs maisons au mostier, il gaaignent. XL. jornees de vrai pardon, sans donner denier ne obole, et. XL. jornees de vrai pardon, pour atendre le besoigne le douce Mere Diu sainte Marie que ele soit aconsomee*[1].

> Et puis vous y gagnez en plus quelque chose qui vaut encore mieux, car seulement en venant de leurs maisons à l'église, ils gagnent quarante jours d'indulgence véritable, sans verser un seul sou, et quarante jours d'indulgence authentique pour veiller à l'achèvement de la besogne de la douce Mère de Dieu, sainte Marie.

Beaucoup plus loin, après avoir raconté l'histoire du clerc Théophile, *exemplum* de l'efficacité de la Vierge pour arracher le pécheur au pouvoir du diable, même dans des cas

1. *Ibid.* 37.

désespérés, il avertit qu'un jour viendra où on ferait n'importe quoi pour être dispensé d'un seul jour de purgatoire et il chiffre ce que coûte en années de purgatoire chaque péché mortel :

Que, si m'aït la glorieuse mere Dieu, .I. jors venra que, se vous en poiiés avoir.I. seul jor de pardon pour plain I autrestel moster de fin or esmeré, volentiers le prendriés, si m'aït Dieu.
Sachiés certainement, pour I pechié mortel. VII. ans de peneance, pour. II., .XIIII. ans, pour. IIII. pechiés morteus. XXVIII. ans[1].

Car, que la glorieuse Mère de Dieu me garde, un jour viendra où si vous pouviez obtenir un seul jour d'indulgence contre une église comme celle-ci remplie d'or fin, vous accepteriez, Dieu me garde.
Sachez en toute vérité que pour un seul péché mortel, c'est sept ans en pénitence, pour deux quatorze ans, pour trois péchés mortels vingt-huit ans.

Enfin, au terme d'une longue phrase solennelle (le manuscrit la coupe par un alinéa pour faire ressortir l'annonce qui la clôt), il proclame le nombre des jours d'indulgence accordés par l'évêque aux « bienfaiteurs de l'église d'Amiens » :

Li sires li evesques d'Amiens, qui est nostre pere espiritueus, est tenus a vous conduire et mener en paradis, en la benoite compaignie d'angles, d'arcangles, de martirs, de confés et de bones eüreuses virges qui ont deservi le regne de paradis par martire de lor cors et par espandemens de lor sanc,
Sachiés vraiement a tous les biensfaiteus de la glise Me Dame Sainte Marie d'Amiens envoie. VII. XX. jors de vrai pardon a alegier les viés peneanches que vous devés faire ens el cruel fu de purgatoire[2].

1. *Ibid.*, 114-115.
2. *Ibid.*, 175-176.

Monseigneur l'évêque d'Amiens, qui est notre père spirituel, est tenu de vous conduire et de vous mener au paradis, en la compagnie bénie d'anges, d'archanges, de martyrs, de confesseurs et de bienheureuses vierges qui ont mérité le royaume du paradis par le martyre de leur corps et par l'effusion de leur sang,

Sachez en vérité qu'à tous les bienfaiteurs de l'église Notre-Dame Sainte-Marie d'Amiens il accorde cent-quarante jours d'indulgence véritable pour alléger les vieilles pénitences que vous devez mener dans le cruel feu du purgatoire.

Sur quoi, en s'abritant derrière l'autorité de saint Augustin, qui n'a jamais rien écrit de pareil, il décrit avec une complaisance sadique et des effets de Grand Guignol les tourments du purgatoire, accumulation des supplices variés endurés par les saints martyrs :

Qui prendroit, fait saint Augustin, le plus tenre pucele qui onques fust nee de ventre de fame, et fust escorchiee toute vive comme saint Bertremex, et ne peüst morir ; et si fust la pucele enroee comme sainte Katerine, et ne peüst morir ; et fust bolie en oile boulant, comme sains Jehans li Euvangeliste, et ne peüst morir ; et eüst torse les mamelles hors du cors, et ne peüst morir, comme eut la damoisele sainte Agates : sachiés entierement que se tout cil torment li avenoient et asés autre torment, que bien nomeroie se je voloie, estoient I seus tormens, et les esteüst soufrir a cele damoisele.C. ans, et tous les jors des. C. ans les sentist et ne peüst morir la pucele, ne li feroient tant de mal comme feroit.I. seus jors del cruel fu de purgatoire[1].

Si on prenait, dit saint Augustin, la plus tendre jeune fille qui naquît jamais d'un ventre de femme, et qu'elle fût écorchée toute vivante comme saint Barthélémy, sans pouvoir mourir ; et si cette jeune fille subissait le supplice de la roue comme sainte Catherine, sans pouvoir mourir ; et si on la mettait à bouillir dans de l'huile bouillante, comme saint Jean l'Évangéliste, sans

1. *Ibid.*, 178.

pouvoir mourir ; et si on lui arrachait les seins du corps, comme on le fit à Mademoiselle sainte Agathe : sachez bien que si elle était soumise à tous ces supplices, plus beaucoup d'autres supplices que je pourrais nommer si je voulais, tous réunis en un seul supplice et que cette jeune fille dût les subir pendant cent ans, et que tous les jours de ces cent ans elle en éprouvât la douleur sans pouvoir mourir, ils lui feraient moins mal que ne ferait un seul jour dans le cruel feu de purgatoire.

Et ces joyeusetés durent un certain temps :

Et se vous demandés : « Maistre, combien couvenra il ces ames estre dedens ces grans tourmens de purgatoire qui si sont cruel ? » Si m'aït Nostre Sire, bele douce gent, sachiés en vérité selonc ce que li pechieres ou la pecheresse aront méfait, li un plus que li autre, li un.X. ans, li autres. XX. ans, . LX. ans, .C., . CC., .III.C., .V.C., .M., . II.M.[1].

Et si vous demandez : « Maître, combien de temps ces âmes devront-elles rester dans ces grands tourments du purgatoire, qui sont si cruels ? » Dieu me garde, bonnes gens, sachez en vérité que cela dépendra des méfaits commis par le pécheur ou la pécheresse, les uns plus que les autres, certains dix ans, d'autres vingt ans, soixante ans, cent, deux cents, trois cents, cinq cents, mille, deux mille ans.

À côté de ces chiffres, quarante jours d'indulgence paraissent peu de chose et les cent-quarante jours offerts par l'évêque n'ont rien de démagogique. Ils sont même peu de chose, comparés aux sept ans de purgatoire que vaut chaque péché mortel. Mais quand on pense aux souffrances d'un seul jour de purgatoire, on se dit que tout est bon à prendre.

Toute cette rhétorique donne une plus haute idée de la capacité du prédicateur d'Amiens à impressionner les simples que de sa spiritualité. Mais il ne faut pas le juger trop vite. Il

1. *Ibid.*, 183.

ne se laisse pas réduire à son rôle de bonimenteur intéressé. Il serait injuste de citer tout son fatras et de passer sous silence les moments où, scrupuleux en cette occasion, il manifeste un souci réel de donner aux fidèles un véritable enseignement sur la confession. Souci d'induire les pénitents à une confession détaillée et sincère. Souci de montrer, selon les principes de théologie morale qui s'étaient élaborés et affinés depuis près de deux siècles, qu'il est important que le pénitent entre dans le détail de ses péchés pour que le confesseur puisse tenir compte des circonstances aggravantes ou atténuantes :

> *Bele douce gent, quant vous alés a confesse une seule fois en l'an, comment vous confessés vous, que dites vous ? « Sire, je ai menti, ge ai juré » : si daubés vos pechiés, si m'aït Dex et sa douce mere. Li paignierres ne blanchist pas mex s'image, quant il le velt paindre, que vous blanchisiés vos pechiés et vous escusés d'autruis pechiés. Vous ne dites ore mie* quo loco, quo tempore, *vous ne dites pas quantes fois vous avés fait le pechié, n'a quele personne, n'a quele eure, ne en quel lieu vous fesistes le pechié. Certes, plus seroit li pechiés lais en cest moustier que la aval en mi ces chans, pour tant seulement que la terre est benoite ; plus seroit luxure vilaine d'un prestre ou d'un home marié que d'un garchon ou d'une garche*[1].

> Bonnes gens, quand vous allez à confesse une seule fois dans l'année, comment vous confessez-vous ? Que dites-vous ? « Mon Père, j'ai menti, j'ai juré » : vous enrobez vos péchés, par Dieu et par sa douce mère. Le peintre ne blanchit pas mieux sa statue, quand il veut la peindre, que vous ne blanchissez vos péchés et ne vous excusez sur les péchés des autres. Vous ne dites pas *quo loco, quo tempore* (où et quand) : vous ne dites pas combien de fois vous avez commis le péché, ni avec qui, ni à quel moment, ni en quel lieu vous avez commis le péché. Certes, le péché serait plus affreux, commis dans cette église que là-bas dans les champs, pour la seule raison que ce sol est béni ; la luxure serait plus indigne venant d'un prêtre ou d'un homme marié que d'un garçon ou d'une fille célibataires.

---

1. *Ibid.*, 117-121.

Peindre les souffrances du purgatoire de façon terrifiante n'a pas pour seul but d'inciter les fidèles à verser leur obole pour obtenir des indulgences, mais d'abord de les inciter à se confesser, et à se confesser scrupuleusement. Encore une fois, et comme c'est presque toujours le cas, la lecture qui réduit un texte à ses arrière-pensées et à ses manipulations est aussi erronée que sa lecture naïve. Notre prédicateur confirme que le grand souci de la prédication au peuple, de la fin du XIIe siècle avec Maurice de Sully à la fin du XIIIe siècle avec lui, est d'encourager la pratique de la confession individuelle et de faire comprendre le sacrement de pénitence.

N'exagérons pas non plus son désintéressement. Sa visée première est malgré tout de rendre fructueuse une quête assortie de l'octroi d'indulgences, qu'il appelle des « pardons ». Il s'agit d'une vente d'indulgences. Les termes dans lesquels il en défend le principe montrent que cette pratique était déjà contestée :

> *Entendés bien ceste parole, legierement parlerai a vous. Ge vous di loiaument : par donner a on pardon et par pardon a on Diu. Or i a aucuns caitis qui dient : « Par les ex Bieu ! Cil clerc, cil prestre nous font erbe paistre, s'il vuelent ! Par la teste Bieu ! Pardons c'on vent n'est pas drois pardons ! » Il mentent comme mauvais bougre, desloial larron qu'il sunt. Que nos trovons que quant Nostre Sire Dex aloit par terre, il trova monsegneur saint Pierre et monsegneur saint Andrieus : frere estoient et pescheeur de poissons*[1]...

Écoutez bien ces mots, je vais vous parler de façon facile à comprendre. Je vous le dis sincèrement : par le don on a le pardon et par le pardon on a Dieu. Il y a bien quelques misérables pour dire : « Crébleu ! Ces clercs, ces prêtres nous font brouter l'herbe à leur guise ! Parbleu ! Un pardon qu'on vend n'est pas un vrai pardon ! » Ils mentent, comme les sales hérétiques, les

1. *Ibid.*, 125-139.

> larrons malhonnêtes qu'ils sont. Car nous trouvons [dans l'Écriture] que quand Notre Seigneur Dieu marchait sur la terre, il trouva Monseigneur saint Pierre et Monseigneur saint André : ils étaient frères et pêcheurs de poissons...

On voit le procédé. Le prédicateur assène un slogan en forme de jeu de mots sur don et pardon avant de déconsidérer ses contradicteurs supposés en les faisant parler, précisément, comme des simples, mais dans le mauvais sens du terme, comme des simples incultes, grossiers, qui jurent par les yeux et par la tête de Dieu, malgré l'euphémisme de *bieu* substitué chaque fois à *Dieu*. Suit une longue digression sans rapport avec le sujet pour introduire un paralogisme qui tient lieu de réponse à l'objection. Le rappel de la vocation des apôtres Simon Pierre et André dans l'Évangile, l'énumération et la description complaisante des horribles martyres endurés par eux et par les saints, le rappel de la sévérité de la règle monastique et de la vie ascétique menée par les moines jusqu'à leur mort, ne justifient nullement la vente des pardons, mais montrent que leur achat au prix où ils sont proposés est vraiment une opération intéressante.

Bref, une fois les fidèles persuadés qu'il est possible et licite de racheter des jours de purgatoire pour eux-mêmes et leurs proches, et qu'en plus c'est une bonne affaire, il faut leur inspirer à la fois la peur du purgatoire et le désir d'en sortir. D'où le calcul comparatif entre le nombre de jours d'indulgence que l'évêque accorde aux donateurs, avec des remises exceptionnelles supplémentaires, des cadeaux, des bonus, et d'autre part les sept années de pénitence qu'il faut faire pour obtenir la rémission d'un seul péché mortel. Certes, les prêtres donnent des pénitences légères pour ne pas dégoûter les fidèles. Certes, si l'on meurt en cours de pénitence, on est sûr de ne pas aller en enfer. Mais on va au purgatoire.

Arrêtons-nous un instant sur cette question du purgatoire, si importante dans l'histoire des mentalités, des croyances, de la sensibilité religieuse et morale, comme les ouvrages justement célèbres de Jacques Le Goff et de Jean Delumeau, ainsi que bien d'autres travaux, l'ont montré[1]. Et aussi parce que la façon dont notre sermon en parle retient l'attention. Pour résumer très schématiquement une question compliquée, le christianisme ne connaît pendant longtemps aucune alternative au paradis et à l'enfer, mais fait appel très tôt à la notion de limbes (« limites », « franges »), qui excluent de la vision béatifique mais dispensent de souffrances. Au moment de la grande réflexion sacramentelle, théologique et morale sur la pénitence, du XIe au début du XIIIe siècle, se précise l'idée d'un « feu purgatoire » (c'est-à-dire feu purificateur) permettant d'achever après la mort une pénitence incomplète, à condition qu'il y ait eu avant la mort repentir et début de pénitence, condition de l'absolution. On parle alors de « feu purgatoire », et non du purgatoire comme d'un lieu spécifique qui ne serait ni le paradis ni l'enfer. Les tympans des églises qui représentent le Jugement dernier montrent les damnés et les élus, mais non les âmes du purgatoire ; ils montrent le paradis et l'enfer, mais non un purgatoire. Et c'est à juste titre : ceux qui sont au purgatoire sont des élus ; ils souffrent, mais savent qu'ils seront sauvés. Ils sont déjà sauvés. Au Jugement dernier, qui se situe à la fin des temps et se distingue du jugement individuel qui suit immédiatement la mort, ils se retrouvent avec les élus.

Cette doctrine est très exactement celle qu'expose notre prédicateur, qui est, encore une fois, un théologien scrupuleux.

---

1. J. Le Goff, *La naissance du purgatoire*, Paris, Gallimard, 1981 ; J. Delumeau, *Le péché et la peur. La culpabilisation en Occident, XIIIe-XVIIIe siècles*, Paris, Fayard, 1983 ; J. Baschet, *Les justices de l'au-delà. Les représentations de l'enfer en France et en Italie (XIIe-XVe siècle)*, Rome, École française de Rome, 1993 ; F. Pomel, *Les voies de l'au-delà et l'essor de l'allégorie au Moyen Âge*, Paris, Champion, 2001.

Mais c'est aussi un démagogue, qui doit faire peur à son auditoire, s'il veut que sa vente de « pardons » rapporte ce qu'il en attend. Il s'y emploie en décrivant le purgatoire sur le modèle de l'enfer, comme un enfer limité dans le temps. Et l'expression dont il use n'est pas « feu purgatoire », mais « feu de purgatoire ». Certes, il ne dit pas « le purgatoire » comme on dit « le paradis » ou « l'enfer », mais le « de », dans l'expression « feu de purgatoire », fait du purgatoire un lieu identifié comme tel. La nuance est importante dans l'évolution de cette notion alors récente : les statuts de la « Confrérie saint Dominique » des barbiers à Arras, qui sont de 1257, antérieurs de quelques années à notre sermon, et provenant de la même région, mentionnent pour la première fois le purgatoire, nous dit Catherine Vincent, en même temps qu'elle est la première confrérie placée sous l'invocation de saint Dominique[1]. Bref, notre prédicateur joue à la fois sur le tableau de l'orthodoxie théologique et sur celui de la peur. Si l'on meurt, dit-il, en cours de pénitence (hypothèse probable si la pénitence de chaque péché mortel dure sept ans), on est sûr de ne pas aller en enfer. Mais on va au purgatoire. Or, on l'a vu, le « feu de purgatoire » n'a rien d'agréable et on peut y rester longtemps.

D'où l'intérêt d'acheter des indulgences. Mais encore une fois, l'essentiel est que, dès lors qu'on est au purgatoire, quelle que soit la durée du séjour et quelles que soient les souffrances qu'on y endure, on sait qu'on ne manquera pas d'aller au paradis un jour. On est sauvé du désespoir, qui se confond avec la damnation. Le prédicateur insiste fortement sur ce point et il le fait en ces termes :

1. C. Vincent, « La lente diffusion du culte de saint Dominique dans nord du royaume de France (XIIIe-XVe s.) », dans *Les Dominicains en France (XIIIe-XXe siècle)*, N. Bériou, A. Vauchez et M. Zink (éd.), Paris, Académie des inscriptions et belles-lettres – Éd. du Cerf., 2017, p. 197-225.

Bele douce gent, si m'aït la Mere Diu, que li prestre ne vous carchent c'un peu de peneance entre vous ; qu'il si vous carchoient selonc vos meffais, il vous espeventeroient si que vous lairiés tout ester ; mais mestiers vous est que vous fachiés aucune peneance. Car sachiés quiconques est pris en peneance et en aucune confession et en vraie repentance, il ne puet estre damnés, qu'il ne voist faire sa peneance el fu de purgatoire ; et puis que l'ame entre dedens ce fu, donques set ele bien qu'ele ne puet falir a le gloire de paradis. Enon Diu ! donques puet ele bien dire une canchon que souventes fois ai oï chanter :

Bone est la dolor
Dont ge atent douchour
Et soulas et joie.

Bonne gens, que la Mère de Dieu me garde, je vous dis que les prêtres ne vous imposent, à vous tous, qu'une petite pénitence, car s'ils vous en imposaient une proportionnée à vos méfaits, ils vous épouvanteraient tellement que vous laisseriez tout tomber. Or il est absolument nécessaire que vous fassiez en quelque façon une pénitence. Car sachez que quiconque est surpris par la mort alors qu'il fait pénitence ou qu'il se confesse et que son repentir est sincère, il ne peut être damné, mais va obligatoirement faire sa pénitence dans le feu du purgatoire ; et à partir du moment où l'âme entre dans ce feu, elle sait qu'elle ne peut manquer de connaître la gloire du paradis. De par Dieu ! C'est alors qu'elle peut bien dire une chanson que j'ai souvent entendu chanter :

Bonne est la douleur
Dont j'attends douceur,
Consolation et joie[1].

Cette chanson était à la mode, puisque le prédicateur dit l'avoir souvent entendu chanter. C'est un procédé naturel, pour toucher un auditoire, que de faire montre d'une familiarité avec sa culture et ses centres d'intérêt. Aujourd'hui encore, pas un prédicateur, pas un homme politique qui n'y ait recours.

---

1. *Ibid.*, p. 191-193.

Cette chanson nous est en effet bien connue. Elle mérite de nous retenir un instant pour deux raisons. D'abord, elle nous montre comment le prédicateur récupère et utilise un élément de culture profane, en la circonstance une chanson d'amour. Mais nous pouvons aussi nous interroger sur le statut de cette chanson. Comme tant d'autres, elle n'est pas composée par un simple, elle circulait dans les milieux aristocratiques, mais elle pouvait, dans tous les milieux, servir de chanson à danser.

C'est une chanson du trouvère arrageois Guillaume le Vinier, mort en 1245[1], qui a laissé une œuvre importante[2]. Elle commence par : *En tous tans se doit fins cuers esjoïr*, « En tout temps un cœur amoureux doit se réjouir ». Elle a dû connaître un certain succès, car un extrait en est également cité par Gerbert de Montreuil dans son *Roman de la Violette ou de Gérard de Nevers*, sans doute écrit vers 1230[3]. Les trois vers cités par le prédicateur en sont le refrain. Répété de strophe en strophe, c'est la partie d'une chanson qu'on a le plus en tête et qu'on garde le mieux en mémoire.

Guillaume le Vinier était un clerc, mais n'avait reçu que les ordres mineurs, car il était marié. Son frère aîné Gilles, mort après lui, en 1252, était chanoine de la cathédrale d'Arras. Mais ce n'est sans doute pas à ce titre que notre prédicateur les connaissait. Comme tout le monde à l'époque, il connaissait la chanson *En tous tans se doit fins cuers esjoïr*. Il la cite pour créer une complicité avec son

1. Sa mort est mentionnée dans R. Berger, *Nécrologie des jongleurs et bourgeois d'Arras*, Arras, Commission départementale des monuments historiques du Pas-de-Calais, 1970.

2. Ph. Ménard, *Les Poésies de Guillaume le Vin*ier, Genève, Droz, 1970, 2e éd. revue, 1983, chanson XVI, p. 129-132. La chanson nous est parvenue dans cinq manuscrits, auxquels s'ajoutent, pour la quatrième strophe, les deux manuscrits du *Roman de la Violette* et, pour le refrain, le sermon d'Amiens, que Ph. Ménard ne prend pas en compte.

3. Gerbert de Montreuil, *Le Roman de la Violette ou de Gérard de Nevers*, v. 3641-3647.

auditoire. Il montre aux simples fidèles qu'il est comme eux, qu'il connaît les mêmes chansons et qu'il sait les apprécier. Pourtant, la formule « une chanson que j'ai souvent entendu chanter » souligne discrètement qu'elle est étrangère à son propre univers et qu'il l'a découverte comme de l'extérieur, par hasard.

Il s'agit là d'une chanson d'amour. Son sens, donné dès le premier vers, est repris par le refrain : même la souffrance de voir son amour repoussé et son désir inassouvi est pour le parfait amoureux (*fins cuers*) une source de joie, car, si celle qu'il aime lui est rebelle, il garde l'espoir de la fléchir un jour par la sincérité de son amour et la constance de sa requête. Souffrance et joie mêlées, respect de la dame et sensualité suggérée avec un mélange de discrétion et d'insistance : on trouve là les thèmes essentiels du lyrisme courtois. On est donc très loin du sens religieux et ascétique que le prédicateur donne au refrain. Mais ce détournement du sens n'en a pas moins quelque chose de naturel. L'idée que de la souffrance naîtra la joie, ou que l'on gagnera la joie en endurant la souffrance, est une idée fondamentale à la fois de la *fin'amor* et de la morale ascétique chrétienne, à laquelle d'ailleurs la *fin'amor* l'emprunte probablement.

Dotée d'un refrain, contrairement à l'usage du « grand chant courtois », cette chanson a pu servir de chanson à danser, d'où sa popularité. Cette diffusion orale, comme l'observe Philippe Ménard, pourrait expliquer les variantes de la quatrième strophe telle qu'elle est citée dans le *Roman de la Violette*. On peut en dire autant de celle introduite dans le refrain par le prédicateur d'Amiens. Faut-il exclure cependant que ces variantes ne soient pas de pur hasard ?

Ce n'est pas impossible, même dans le cas de Gerbert de Montreuil, qui cite intégralement la quatrième strophe :

Guillaume le Vinier[1]	*Gerbert de Montreuil*
D'un tout suel baisier de cuer a loisir	Par un seul baisier de cuer a loisir
Porroit mon voloir grant pieche acomplir.	Porroit longhement mes maus adoucir ;
Mais de desierier m'estouvroit morir,	Mais de desirier me fera morir,
Se plus n'en avoie.	S'encor n'en ai joie.
Boine est la dolours	Bone est la dolor
Dont il naist douchours	Dont il naist douchour
Et soulas et joie.	Et soulas et joie.
D'un seul baiser donné de bon cœur	Par un seul baiser donné de bon cœur
Elle ferait une grande part de ce que je veux.	Elle pourrait longtemps adoucir mes maux.
Mais il me faudrait mourir de désir	Mais elle me fera mourir de désir
Si je n'en obtenais pas davantage.	Si je n'en ai pas un jour la joie entière.
Bonne est la douleur	Bonne est la douleur
Dont il naît douceur,	Dont il naît douceur,
Consolation et joie.	Consolation et joie.

C'est à peu près la même chose. Il est toutefois permis de juger le texte de Guillaume le Vinier légèrement plus brutal. Il ne prend en compte que la quantité, tandis que Gerbert de Montreuil prend en compte le temps. Un baiser, ce serait déjà une bonne partie de mon « vouloir », mais il me faudrait davantage pour ne pas mourir de désir, dit l'un. La satisfaction partielle d'un baiser me suffirait longtemps, dit l'autre, mais je mourrai de désir si je n'en ai pas « encore joie », *encor* ne désignant généralement pas en ancien français

1. Texte établi par Ph. Ménard, d'après les cinq chansonniers (manuscrits anthologiques des trouvères). Aucun ne présente les variantes du *Roman de la Violette* ni celle du sermon d'Amiens.

la répétition, mais la possibilité d'un événement à venir. La formulation est plus délicate, évite l'expression trop directe « en avoir plus » au profit du mot « joie », euphémisme fréquent pour dire la possession de la femme aimée. Mais ces modifications, qui sont certes en accord avec le contexte romanesque dans lequel la chanson est insérée, sont trop subtiles pour qu'on puisse y voir à coup sûr un remaniement délibéré.

Pour sa part, le prédicateur d'Amiens ne cite que le refrain. Il n'y change qu'un mot. Mais ce mot a du poids :

Guillaume le Vinier	*Sermon d'Amiens*
Boine est la dolours Dont il naist douchours Et soulas et joie.	Bone est la dolor Dont ge atent douchour Et soulas et joie.
Bonne est la douleur Dont il naît douceur, Plaisir et joie.	Bonne est la douleur Dont j'attends douceur, Plaisir et joie.

Appliquant ce refrain aux âmes qui connaissent les souffrances du purgatoire, mais qui savent qu'elles accéderont à la joie du paradis, il remplace « Bonne est la douleur dont *il naît* douceur, plaisir et joie » par « Bonne est la douleur dont *j'attends* douceur, plaisir et joie ». Sa version pourrait convenir à Guillaume le Vinier. En revanche, le texte de ce dernier ne lui convient pas. L'amoureux peut dire presque indifféremment que la joie d'amour à venir naîtra de la douleur présente ou qu'il attend de la douleur présente la joie d'amour à venir, puisque, dans la pensée courtoise de l'amour, la joie et la souffrance sont mêlées et que la joie est augmentée par les souffrances de sa quête. En revanche, on ne peut pas dire que la joie du paradis *naît* des souffrances du purgatoire, ni que ces souffrances augmentent la joie du paradis, sans quoi ceux qui sont passés par le purgatoire seraient plus heureux au paradis que les saints qui y sont allés tout droit. Mais celui qui subit les souffrances du purgatoire peut les dire bonnes parce qu'il *attend* qu'elles lui permettent d'accéder à la joie du paradis.

Après avoir intimidé son auditoire de simples gens, après s'être moqué du langage des simples en le parodiant, le prédicateur crée une connivence avec cet auditoire en citant une chanson connue de tous. Il en fait comme un bref *exemplum.* Si la variante apportée au refrain de Guillaume le Vinier est volontaire, elle montre une attention à la formulation et un scrupule théologique surprenants, mais non pas impossibles, puisque nous avons vu déjà que, malgré ses finasseries et sa démagogie, ce prédicateur se garde de dire n'importe quoi sur la question de la confession, de l'absolution et de la pénitence. Grande gueule et démagogue, il l'est, certes. Cependant, on devine un rôle de composition. Il use d'un langage simple pour parler aux simples, mais ses effets sont calculés. C'est en réalité un « homme de savoir », dirait Jacques Verger, un intellectuel, disait Jacques Le Goff. Le ton et le style de son sermon sont artificiels : il s'adresse aux simples en pastichant leur langage. Il affecte de parler comme eux, il leur prête à l'occasion sa voix en imaginant et en reproduisant leurs interjections ou leurs objections. Et il passe sans cesse de son statut véritable au personnage qu'il joue en faisant tantôt sonner avec autorité aux oreilles des simples des citations latines inutiles, incompréhensibles pour eux et uniquement destinées à les impressionner au moment où il les tance et les menace, et tantôt en passant au registre de la complicité quand il montre qu'il connaît les mêmes chansons qu'eux.

PRÊCHER SUR UNE CHANSON DE DANSE

Le prédicateur du chapitre précédent n'est pas le seul à détourner des chansons de danse et d'amour répandues et populaires pour les utiliser dans des sermons. Il existe trois autres exemples de ce procédé. Deux courts sermons latins et une sorte de sermon en vers français prennent pour thème des rondeaux à danser français. Ils fondent un enseignement religieux et moral sur ces chansons profanes en langue vernaculaire très connues, dont ils dégagent un sens allégorique et qu'ils commentent comme s'il s'agissait de citations scripturaires. Pour comprendre ce que le procédé a de particulier, voire de provocant, il faut bien mesurer ce que sont ces rondeaux.

Le rondeau est la forme la plus courte, la plus simple et la plus populaire de la chanson à danser. Il évoluera à la fin du Moyen Âge. Au XIIIe siècle, époque de nos sermons, il se compose, sous sa forme régulière, qui n'est pas toujours exactement respectée, d'une strophe de trois vers suivie d'un refrain de deux vers. Le premier vers du refrain est inséré une première fois après le premier vers de la strophe. Le ou la soliste chantait le couplet, le chœur des danseurs le refrain. Chacun chantait donc trois vers. Le soliste avait trois vers à retenir, mais le chœur deux seulement, puisque le premier vers du refrain était répété en refrain inséré.

On trouve de ces scènes de danse au chant des rondeaux au début du *Roman de la Rose ou de Guillaume de*

Dole de Jean Renart, daté par certains autour de 1210, par d'autres, que j'aurais tendance à suivre, en 1228-1229[1]. Sous le prétexte de la chasse, le jeune, charmant et célibataire empereur d'Allemagne Conrad emmène toute sa cour camper dans la forêt. Le matin, pendant que les barbons, levés à l'aube, vont réellement à la chasse, d'où ils reviendront le soir, épuisés, sales et en sueur, leurs jeunes épouses dansent sur l'herbe avec les jeunes gens, après qu'ils sont allés ensemble faire leur toilette à la fontaine, ce qui fournit aux jeunes gens l'occasion de mettre la main, en guise de serviette, à « mainte blanche cuisse ». Puis on piquenique. Puis on danse. Lors de la danse, tout à tour, l'un ou l'autre, l'une ou l'autre, entonne un rondeau, et tout le monde suit.

Ces rondeaux, Jean Renart en cite quelques-uns, car son roman a l'originalité, dont il est fier et à laquelle il consacre tout son prologue, d'être farci de chansons dont il veut conserver la mémoire et dont il souligne qu'elles sont placées dans des contextes appropriés. On trouve ainsi dans le *Guillaume de Dole* des chansons courtoises de trouvères et même, transposées en français, de troubadours, ainsi qu'un fragment de chanson de geste et une proportion importante des quelques « chansons de toile » que nous connaissons, avec une présentation et une mise en scène extrêmement éclairantes de ce genre poétique. S'agissant des rondeaux, le contexte romanesque dans lequel ils sont insérés est celui de scènes marquées par une atmosphère sensuelle et presque érotique. Le jeune empereur, qui n'est pas encore amoureux, comme il le deviendra plus tard, sans l'avoir jamais vue, de Lïenor, la sœur de Guillaume de Dole, favorise autour de lui un esprit de licence et de jouissance.

1. Jean Renart, *Le Roman de la Rose ou de Guillaume de Dole*, éd. par F. Lecoy, Paris, Champion, 1966.

Enfin, ces rondeaux sont chantés dans le cadre d'un divertissement de cour. Ils ne peuvent donc être dit populaires au sens social du terme. Ils ne sont pas réservés aux simples gens. Mais ils ne sont pas marqués socialement comme le privilège de l'aristocratie. Les chansons courtoises se veulent élitistes, parfois explicitement – pas toujours, cependant, puisque le troubadour Giraut de Bornelh se réjouit d'entendre ses chansons chantées par de simples femmes à la fontaine. Mais les chansons à refrain, et surtout les chansons à danser, sont le bien commun de tous. Les refrains, enchâssés dans la chanson comme des citations, sont souvent porteurs d'une voix qui se donne pour populaire : soit la voix de la « sagesse populaire » qui s'exprime en formules gnomiques ou proverbiales, soit celle du personnage populaire dans les chansons dramatiques ou dialoguées comme les pastourelles. Même dans les chansons dites « avec des refrains », dont le refrain change à chaque strophe et n'est donc pas identifiable par sa répétition, il l'est cependant, sans aucune hésitation, par son ton particulier, par son aspect de citation (certains reparaissent en effet dans différentes chansons et dans des contextes divers), par les guillemets implicites qui l'entourent. Ainsi, dans une pastourelle, le chevalier rencontre une bergère qui chante – c'est le refrain de la première strophe : *Nus ne doit lez le bois aller / Sans sa compaignete*, « Nul ne doit aller au bois sans sa petite amie ». Prenant cela pour un encouragement, il lui fait des avances, mais s'entend répondre par le refrain de la deuxième strophe : *N'atouchiés pas a mon chainse / Sire chevaliers*, « Ne touchez pas ma chemise, seigneur chevalier ». Il parvient finalement à ses fins, à la grande satisfaction de la jeune personne dont le refrain final demande que « la femme qui n'accorde pas tel jeu et telle joie soit maudite de Dieu ».

Les premiers rondeaux chantés dans *Guillaume de Dole* sont des versions diverses de celui qui semble avoir été le plus répandu, celui du lever matinal de la belle Aelis ou Aalis et de sa toilette en vue de la danse. Nous avons même la preuve que c'était le plus répandu par le fait que le trouvère Baude de la Kakerie l'a choisi pour en faire une chanson dont chaque strophe commence par un vers du rondeau. Une popularité confirmée par les nombreuses variantes et irrégularités qu'il présente dans *Guillaume de Dole*. Elles laissent supposer une transmission orale floue et négligée. L'important n'est pas l'exactitude du texte, mais la fête et la danse.

Voilà donc le type de poèmes que trois sermons choisissent pour thème. Celui qui est conservé dans le plus grand nombre de manuscrits (sept, contre un seul pour l'autre texte latin et trois pour celui en vers français) est précisément celui dont le thème est une version du rondeau de la belle Aalis[1]. Les deux sermons latins sont certainement dus au même auteur, comme le montrent non seulement la similitude de leur principe et de leur démarche, mais aussi l'expression *prava in bonum exponere* (« tourner vers le bien ce qui est mauvais »), qui se lit au début de l'un et de l'autre.

Pourquoi des sermons – latins de surcroît – prennent-ils pour thème des rondeaux à danser ? Par souci de connivence avec le public des simples fidèles, comme le sermon d'Amiens ? Non : rien de commun entre le ton de ce dernier et celui de ces trois sermons. Par dérision ou par

1. Les deux sermons ont été édités par T. HUNT, « De la chanson au sermon : "Bele Aalis" et "Sur la rive de la mer" », *Romania* 104, 1983, p. 433-456. Les deux rondeaux qui leur servent de thème avaient été édités par N. VAN DEN BOOGAARD, *Rondeaux et refrains, du XIIe au début du XIVe siècle*, Paris, Klincksieck, 1969 (rondeaux 42 et 43, refrains 1506 et 1035). Voir M. ZINK, *La prédication en langue romane avant 1300*, Paris, Champion, 1976. Les deux sermons sont conservés dans le même manuscrit, Paris, BnF fr. 16497. Parmi les six autres manuscrits où se lit le sermon de la Belle Aelis figure le manuscrit Poitiers, Bibl. Mun. 97, qui contient aussi l'homiliaire français de Maurice de Sully et d'autres sermons français anonymes.

grivoiserie, parce que ce seraient des « sermons joyeux », des pastiches comiques de sermons, comme il en existera à la fin du Moyen Âge ? Pas du tout : ils ont un contenu sérieux. Pour dénoncer l'immoralité de la danse ? Pas davantage, ou à peine, et c'est peut-être ce qu'ils ont de plus déconcertant. Ils traitent véritablement le rondeau comme un thème scripturaire, comme parole d'évangile, oserait-on dire. De chaque mot, de chaque vers du petit poème, ils dégagent avec un sérieux imperturbable un sens allégorique sans rapport avec le sens littéral, dont ils ne cherchent pas à tirer argument pour flétrir la danse et sa sensualité, comme ne manquent pas de le faire les sermons au peuple. Maurice de Sully dit que la carole (une ronde) est la couronne du diable. Alors pourquoi des sermons « savants » sur des rondeaux ?

Lisons-les, et d'abord les deux sermons latins, précédés chacun de sa chanson. Ils ont sans doute été composés ensemble (ils se suivent dans le meilleur manuscrit), mais seul le premier a été plusieurs fois recopié. Le voici[1] :

1. Je reproduis l'excellente édition de Tony Hunt, qui suit le ms. Paris, BnF lat. 16497, mais je lui substitue parfois les leçons d'autres manuscrits, qui rendent le texte et la pensée plus clairs. Dans quelques cas, il m'a semblé que la *lectio facilior* pouvait être la bonne :

Belle Aalliz mainz s'en leva, / Vesti son cor et para, / En un vergier s'en entra, / Cinc floretes i trova, / Un chapelet fet en a / De rose florie. / *Por Dé, trahet vos en la, /Qui n'amez mie*

Legimus quod de omni verbo occioso reddituri sumus Deo rationem in die judicii. Et ideo debemus errantes corrigere, errores reprimere, prava in bonum exponere, vanitatem ad veritatem reducere.

Ergo videamus que sit *Bele Aalis*. Cum dico *Bele Aelis*, scitis quod tripudium primo ad vanitatem inventum fuit. Sed in tripudio tria sunt necessaria : vox sonora, nexus brachiorum, strepitus pedum concordans voci. Ut possimus tripudiare Deo, debemus habere hec tria in nobis : vocem sonoram .i. predicationem sanctam Deo placentem et hominibus ; habeamus nexum brachiorum .i. dilectionem Dei et proximi ; habeamus strepitum voci concordantem .s. opera concordantia nostre predicationi ad imitationem Christi, qui cepit facere et postea docere.

Belle Aélis de bon matin se leva,
Elle se vêtit et se para,
En un verger elle entra,
Cinq fleurettes elle y trouva,
Elle en a fait une couronne
De rose fleurie.
Pour l'amour de Dieu, allez-vous en,
Vous qui n'aimez pas.

Nous lisons que nous devrons rendre compte à Dieu de toute parole oiseuse au jour du Jugement. C'est pourquoi nous devons corriger ceux qui se trompent, réprimer les erreurs, tourner vers le bien ce qui est mauvais, ramener la vanité à la vérité.

Voyons donc qui est la *Belle Aelis*. Quand je parle de Belle Aelis, vous savez que la danse a été inventée pour la vanité. Mais pour la danse, trois choses sont nécessaires : une voix sonore, des bras enlacés, un claquement des pieds en mesure avec la voix. Pour pouvoir danser pour Dieu, nous devons avoir en nous ces trois choses : une voix sonore, c'est-à-dire une prédication sainte qui plaise à Dieu et aux hommes ; il faut que nous ayons l'enlacement des bras, c'est-à-dire l'amour de Dieu et du prochain ; il faut que nous ayons un claquement des pieds

---

Iterum videamus que sit *Bele Alis*. Cele est belle de qua dicitur sponsa speciosa, preciosa ut gemma, preclara ut luna, splendida ut sol, rutilans quasi Lucifer inter sidera etherea, et in Canticis (var. : et Salomon in libro de vero amore) « Tu pulcra es, amica mea, tu pulcra es, oculi tui columbarum » (Ct 4, 1) et in eodem « Tu pulcra es, amica mea, et macula non est in te » (Ct 4, 7). Hec enim *Aalis* dicitur ab *a*, quod est sine, et lis – litis, quasi sine lite, sine reprehensione, sine mundana fece, que est mater misericordie, regina justicie. *Ce est la belle Aalis Que est la flos et li lis* de qua dicitur « sicut lilium inter spinas, sic amica mea inter filias » (Ct 2, 2).

Sequitur *main s'en leva* : de hoc habemus quod in utero matris sanctificata fuit ; antequam nasceretur predestinata fuit Deo.

De *Vesti sum corps et para* habemus « Adorna talamum tuum Syon » (Premier répons du premier nocturne de matines pour la fête de la Purification). Beata virgo Maria fuit Syon que adornavit talamum suum.s. mentis conscientiam bonis operibus et sanctis virtutibus, ut digne suum posset recipere creatorem.

en mesure avec la voix, c'est-à-dire des œuvres en accord avec notre prédication à l'imitation du Christ, qui a commencé par agir et n'a enseigné qu'ensuite.

Encore une fois, voyons qui est la *Belle Aelis*. Celle-là est belle, de qui il est dit épouse éclatante de beauté, précieuse comme une gemme, claire comme la lune, brillante comme le soleil, scintillante comme Lucifer [l'étoile du matin] parmi les étoiles du ciel et dans le Cantique [var. « et Salomon dans le livre du vrai amour »] : « Tu es belle, mon amie, tu es belle, tes yeux sont comme ceux des colombes », et dans le même ouvrage : « Tu es belle, mon amie, et il n'y a pas de tache en toi. » Elle est en effet dite *Aalis*, de *a* qui veut dire « sans » et *lis – litis*, sans contestation, sans critique, sans déchet. *Ce est la belle Aalis / Que est la flos et li lis*, de qui il est dit : « Comme le lis au milieu des épines, ainsi mon amie au milieu des autres jeunes filles. »

Sequitur *En un vergier s'en entra*. Beata virgo fuit virgo, virga et virgultum. Virgo ut hic : « Ecce virgo concipiet in utero filium et vocabitur etc. » (Lc 1, 31) ; virga ut hic : « Egredietur virga de radice Jesse etc. » (Is 11, 1) ; virgultum cujus fructum agnovimus per annunciationem angeli dicentis « Benedicta in mulieribus et benedictus fructus ventris tui » (Lc 1, 42). Quis intravit hoc virgultum sanctissimum ? Spiritus Sanctus obumbratione cujus beata virgo fecundata fuit. Unde idem angelus subiunxit dicens « Spiritus Sanctus superveniet in te etc. » (Lc 1, 35).

Sequitur. *V. florestes i trova* : quos flores invenit Spiritus Sanctus in hoc virgulto, flores.s. qui nec calore arescunt nec frigore marcescunt nec imbribus suffocantur. Qui sunt ? Spes, fides, karitas, humilitas, virginitas.

Un chapellet fet en a. Por lo chapelet debemus intelligere coronam quam ipse imposuit super capud ejus quando ostendit eam dominam dominarum et reginam reginarum. A simili si quis haberet hos flores sanctissimos coronam haberet de lapidibus preciosis.

Sequitur *rose florie,* unde habemus « Egredietur virga de radice Jesse etc. » (Is 11, 1).

Quibus debemus dicere : *Trahet vos en la, Qui n'amet mie* ? Istis peccatoribus Albigensibus, hereticis, Judeis, Sarracenis, falsis Christianis. Talibus debemus dicere *Trahez vos en la Qui n'amez mie*.i. « Ite maledicti in ignum eternum » (Mt 25, 41).

Per predicta potestis intelligere quod ista *Aalis* fuit flo(r)s ille in qua et super quam requiescit Spiritus almus obrumbratione cujus nos illuminare dignetur, qui vivit et regnat Deus per secula seculorum. Amen.

Vient ensuite : *Main s'en leva* : cette phrase nous indique qu'elle a été sanctifiée dans le ventre de sa mère ; avant de naître, elle était prédestinée pour Dieu.

Vesti sum cors et para renvoie à « Orne ta chambre nuptiale, Sion. » Sion, c'est la bienheureuse Vierge Marie, qui orna sa chambre nuptiale, c'est-à-dire sa conscience par de bonnes œuvres et de saintes vertus pour pouvoir dignement recevoir son créateur.

Vient ensuite *En un vergier s'en entra.* La bienheureuse Vierge Marie fut vierge (*virgo*), rameau nouveau (*virga*), jeune pousse (*virgultum*). Vierge comme ici : « Voici que la vierge concevra en son sein un fils et il sera appelé etc. » ; rameau comme ici : « Un rameau sortira de la racine de Jessé etc. » ; jeune pousse dont nous avons reconnu le fruit par l'annonce de l'ange disant : « Tu es bénie entre les femmes et le fruit de ton ventre est béni. » Qui a pénétré cette jeune pousse très sainte ? L'Esprit Saint par l'ombre duquel la bienheureuse vierge a été fécondée. C'est pourquoi le même ange ajouta : « L'Esprit Saint viendra sur toi etc. »

Vient ensuite. *V. florestes i trova.* Ce sont les fleurs que le Saint-Esprit a trouvées dans cette jeune pousse, des fleurs qui ne se dessèchent pas à la chaleur, qui ne se fanent pas au froid, qui ne sont pas étouffées par la pluie. Quelles sont-elles ? L'espérance, la foi, la charité, l'humilité, la virginité.

Un chapellet fet en a. Por lo chapelet nous devons entendre la couronne qu'il a placée lui-même sur sa tête quand il l'a fait apparaître souveraine des souveraines et reine des reines. De même, si quelqu'un possédait ces fleurs très saintes, il aurait une couronne de pierres précieuses.

Vient ensuite *rose florie,* qui renvoie à « Un rameau sortira de la racine de Jessé etc. »

À qui devons nous dire *« Trahet vos en la, Qui n'amet mie »* ? Aux pécheurs, albigeois, hérétiques, Juifs, Sarrasins, mauvais chrétiens. À ceux-là nous devons dire *« Trahet vos en la, Qui n'amet mie »*, c'est-à-dire « Allez, maudits, dans le feu éternel. »

Par ce qui précède vous pouvez comprendre que cette *Aalis* est la fleur dans laquelle et sur laquelle l'Esprit fécond a reposé par son ombre, dont daigne nous illuminer celui qui vit et règne, Dieu pour les siècles des siècles. Amen.

L'intention du sermon réside dans sa première phrase : *De omni verbo occioso reddituri sumus Deo rationem in die iudicii* (« De toute parole oiseuse nous devrons rendre compte à Dieu au jour du jugement »). Quels mots plus oiseux que ceux d'un rondeau de danse ? Et celui de la Belle Aelis est si connu qu'il suffit de la nommer pour que chacun comprenne qu'il s'agit de danse, et la danse a été inventée pour la vanité. Cette occupation frivole, le prédicateur la connaît pourtant bien. Il en mentionne le rythme et la mesure – contenus dans le mot *tripudium*, danse à trois temps – et il la définit comme « un claquement des pieds en accord avec la voix » (*strepitus pedum concordans voci*). Il connaît si bien le rondeau de la Belle Aelis qu'il en cite une autre version dans le corps de son sermon (*Ce est la belle Aalis / Que est la flos et li lis*, « C'est la belle Aelis / Qui est la fleur et le lis »). Ce qu'il propose est un détournement du texte, une pieuse récupération. C'était une opération fréquente et de tous les temps. On transformait une chanson profane en chanson pieuse par la substitution d'un texte religieux au texte d'origine (l'inverse se pratiquait aussi) : c'était un *contrafactum*. Presque toutes les chansons à la Vierge de cette époque sont faites sur le modèle des chansons d'amour profanes, dont elles reprennent le style et les expressions. Gautier de Coincy est particulièrement habile à cet exercice. On évoque ailleurs le lever matinal d'une jeune femme qui s'apprête, non pour la danse, mais pour la prière, comme dans cette chanson que Tony Hunt cite d'après Pierre Bec[1] :

La beguine (main) s'est levee,	La béguine de bon matin s'est levée,
De vesture bien paree,	Bien habillée, bien parée,

1. T. Hunt, « De la chanson au sermon : "Bele Aalis" et "Sur la rive de la mer" », p. 437.

Au moustier s'en est alee,	À l'église s'en est allée,
Jhesu Crist va regretant.	Pleine de désir pour Jésus-Christ.
Ave Maria j'aim tant.	Ave Maria, si grand est mon amour.

Sur le modèle des nombreuses chansons de rencontre amoureuse, dont les pastourelles et les chansons de la mal mariée sont des types particuliers, une chanson, qui jadis était parfois attribuée à saint Louis, montre le poète rencontrant au matin dans un verger, non une jeune fille, non une bergère, non une femme qui se plaint de son mari, non une nonne insatisfaite, mais la Vierge Marie, et cette chanson est bilingue (alternativement un vers en français, un vers en latin), pour bien montrer qu'on est dans le registre sacré.

Mais dans notre sermon, la récupération prend une autre forme : celle du commentaire. La méthode de l'exégèse allégorique, qui découvre, en s'appuyant sur des citations scripturaires, un sens second derrière le sens littéral, permet de trouver un sens édifiant même au plus célèbre, au plus emblématique des rondeaux à danser en l'appliquant à la Vierge Marie. Le texte est parfaitement sérieux : pas de dérision, pas d'effets comiques fondés sur la distance entre le poème et son interprétation religieuse, rien qui ressemble à ce que seront à la fin du Moyen Âge les sermons joyeux. Il contient même des prises de position théologiques sur des sujets controversés : le commentaire de *Main s'en leva* (« Elle se leva de bon matin ») est que Marie a été sanctifiée dès le ventre de sa mère. Cette interprétation montre que le prédicateur prend position en faveur de l'Immaculée Conception. On est plutôt dans le registre des commentaires du Cantique des cantiques, poème d'amour inlassablement interprété comme un poème de l'amour mystique, que le prédicateur ne cesse d'ailleurs de citer à l'appui de son développement. Il traite ainsi le rondeau de la Belle Aelis comme un Cantique des cantiques moderne.

Cela ne l'empêche pas d'être conscient de son audace. Son sermon n'est pas fait pour être mis entre toutes les mains. Il ne s'adresse d'ailleurs pas aux fidèles, mais à ses confrères prédicateurs : « Nous devons avoir en nous [...] une voix sonore, c'est-à-dire une prédication sainte qui plaise à Dieu et aux hommes [...] des œuvres en accord avec notre prédication à l'imitation du Christ, qui a commencé par agir et n'a enseigné qu'ensuite[1]. » Le second sermon, *Sur la rive de la mer*, construit exactement comme le premier et certainement dû au même auteur, dit dès le début : *Nos clerici*, « Nous autres clercs ». Parmi les manuscrits qui ont conservé le sermon de la Belle Aelis figure le ms. Poitiers BM 97, qui contient l'homiliaire français de Maurice de Sully, augmenté de quelques autres sermons français anonymes. Celui de la Belle Aelis est copié à la fin : il ne fait pas partie de la série. Il est là pour le bénéfice et peut-être la détente du prédicateur qui utilisera les sermons français qui le précèdent pour sa propre prédication. Ce sermon et celui *Sur la rive de la mer* sont des jeux de clercs. Ce n'est pas par hasard que ces sermons sur des rondeaux français sont en latin. Ce sont des exercices de virtuosité où l'auteur veut montrer qu'il maîtrise assez bien la technique du sermon pour pouvoir prendre pour thème n'importe quel texte, aussi profane soit-il, et en tirer un sens spirituel et moral par des rapprochements avec des citations de l'Écriture ou par des jeux étymologiques sur le français comme sur le latin. Mais ces jeux de clercs sont des jeux sérieux : aucune trace de provocation dans l'irrévérence ni de dérision.

1. *Debemus habere* [...] *vocem sonoram* [...], *predicationem sanctam Deo placentem et hominibus* [...] *opera concordantia nostre predicationi ad imitationem Christi, qui cepit facere et postea docere.*

C'est là une attitude si éloignée de nos habitudes que nous avons du mal à la saisir et à la définir. D'une façon générale, rien n'est plus difficile à comprendre, dans une civilisation ou une époque éloignées des nôtres, que la prise de distance, l'humour, le rire, le second degré. À notre époque, dans la civilisation occidentale, l'obéissance et le respect sont en passe de devenir des faiblesses et non des vertus ; l'irrévérence est salutaire et libératrice ; bien plus, pour être libératrice, elle se doit être destructrice de ce à quoi elle s'en prend. D'autres époques et d'autres civilisations ont une conception et une pratique différentes de l'humour irrévérencieux. La distance qu'il instaure ne tend pas à la destruction ni même à la déstabilisation de l'objet qu'il vise ; tout au contraire, la liberté qu'il se permet est le gage d'une adhésion plus réfléchie et plus profonde. Dans le monde clérical, ce type d'humour, fait de critiques des prélats et des grands de l'Église, de plaisanteries sur l'aspect extérieur de la vie intérieure, spirituelle, sacramentelle même, parfois de plaisanteries inconvenantes, a toujours existé et il a traversé les siècles. Il existe toujours un peu, mais il a mal vieilli, car notre époque y voit précisément une forme trop révérencieuse d'irrévérence : Emmanuel Carrère dit avoir renoncé à une croisière biblique et perdu le prix de son billet par crainte d'avoir à supporter l'humour des prêtres. Ces sermons latins sur des rondeaux à danser, ces sermons à l'usage des prédicateurs eux-mêmes, ces sermons à usage interne, relèvent de ce type d'humour. Bien sûr, ce sont des plaisanteries. Bien sûr, leurs auteurs voient ce qu'il y a de transgressif à assimiler la Belle Aelis à la sainte Vierge et une dame mal mariée en quête de satisfaction amoureuse à sainte Marie-Madeleine. Mais l'éloge de la Vierge ou de la sainte, que leur virtuosité d'exégètes leur permet finalement de tirer de ces rondeaux immoraux, est parfaitement sérieux, et d'autant plus sérieux qu'ils ont frôlé l'irrévérence.

Et les simples, dans tout cela ? Les simples sont oubliés : le sermon n'est pas pour eux. Mais ce sont eux qui fournissent le rondeau. Ou tout au moins le rondeau appartient à leur monde, à leur culture, à leur vie de tous les jours, à leurs divertissements. Pour une fois, l'échange culturel est inversé : c'est le poème des simples qui devient sujet d'instruction et de méditation. Encore une fois, c'est un jeu. Encore une fois, c'est un jeu sérieux, comme disait saint Bernard[1]. Mais ce jeu sérieux n'est envisageable que parce que prédicateurs et exégètes étaient rompus à l'exercice qui consiste à tirer d'un texte simple et en apparence limpide une signification complexe : *Videamus quid sit istud quod quasi frivolum reputatur*, « Voyons ce qu'est cela [le vers *Sur la rive de la mer*], que l'on juge frivole », exhorte le sermon consacré à ce rondeau. Exercice intellectuel, mais aussi conviction d'une religion qui enseigne que la sagesse est cachée en ceux que l'on croit simples.

C'est beaucoup prêter tout de même à ces chansons de danse dont, au fil des variantes, les refrains invitent ouvertement à la sensualité (*Par ci passe li bruns, li biaus Robins... Par ci passe Robins li amourous, / Encor en est li herbages plus dous*, « Par ici passe le brun, le beau Robin /... Par ici passe Robin l'amoureux / Et voici que l'herbage en est plus doux ») et souvent à l'adultère (*Dormez, jalous, ge vos en prie / Et ge m'envoiserai*, « Dormez, jaloux, je vous en prie / Et j'irai m'amuser »). Ce jeu de clercs est admissible précisément entre clercs. Mais lorsque que le rondeau de la Belle Aelis est commenté, non pour eux, mais pour le bénéfice des simples fidèles, c'est une autre chanson. Jacques de Vitry l'utilise ainsi dans un *exemplum* d'un de ses *Sermones*

1. M. Zink, « *Ludam ut illudar*. Le corps du jongleur et la présence de Dieu », dans *The Florence Gould Lectures at New York University*, T. Bishop (éd.), Volume V, 1997-2002, New York, Center for French Civilization and Culture, New York University, 2003, p. 56-74.

vulgares. Tony Hunt n'a pas manqué de le citer dans son bel article[1]. La sœur de saint Bernard, dit Jacques de Vitry, s'approcha un jour d'un groupe de moines *cum pompa magna et ornatu superfluo* (« avec une pompe magnifique et une toilette excessive »). Loin d'être admiratifs ou impressionnés, ils l'ont jugée ridicule. Par conséquent, elle a renoncé à soigner et à embellir son corps pour ne plus s'occuper que de son âme : elle s'est faite religieuse. Au moment où il la décrit se présentant aux moines dans l'éclat de sa toilette, Jacques de Vitry écrit[2] :

> De la même façon, quand les femmes doivent sortir en public ou simplement marcher dans la rue, elles passent une grande partie de la journée à se préparer. *Quand Aelis fu levee, / Et quant ele fu lavee, / Et la messe fu chantee, / Et deable l'en ont emportée*, ce qui veut dire : « Le temps qu'Aelis se lève de son lit, se lave, se contemple dans le miroir, s'habille et se pomponne, on avait déjà fait la procession en portant les reliquaires, on avait déjà chanté la messe et les diables, ses compagnons, l'ont emportée »[3].

Voilà le poème modifié pour le rendre édifiant : c'est une variante du rondeau de la Belle Aelis, mais une variante dans laquelle elle passe tellement de temps à sa toilette (les femmes,

1. T. Hunt, « De la chanson au sermon : "Bele Aalis" et "Sur la rive de la mer" », p. 436.

2. Th. F. Crane, *The Exempla or Illustrative Stories from the Sermones Vulgares of Jacques de Vitry*, Londres, 1890, p. 114, CCLXXIII.

3. *Hujusmodi autem mulieres quando ad publicum exire vel etiam ire debent, magnam diei partem in apparatu suo consumunt.* Quand Aelis fu levee, et quant ele fu lavee, et la messe fu chantee, et deable l'en ont emportee, *quod est : « Quando Aeliz de lecto surrexit, et lota fuit, e t in speculo aspexit, et vestita et ornata fuit, jam truces ad processionem tulerant, et missam cantaverant, et demones eam tulerunt qui comites ejus fuerunt ».*

Je corrige *truces* en *trucas* (boîtes ou reliquaires), forme attestée par Du Cange. La forme *truces* a pu exister, mais elle induit en confusion avec *trux, trucis* (sauvage).

selon un cliché bien connu, passent toujours un temps infini à leur toilette avant de sortir) qu'elle manque la messe et que les diables l'emportent. Dans le sermon, le rondeau est conservé, mais le sens en est changé. Dans l'*exemplum*, c'est le rondeau qui est modifié de façon que la leçon s'applique aux vices qu'encourage l'évocation complaisante de la belle à sa toilette. Moins sophistiqué, plus explicite, plus direct que le sermon, porteur d'une morale simple et concrète, non de rapprochements scripturaires recherchés et tirés par les cheveux, c'est l'*exemplum*, et lui seul, qui s'adresse réellement aux simples.

Faut-il donner à lire, après le sermon de la Belle Aelis, l'intégralité du sermon *Sur la rive de la mer*, dont le principe est le même ? En voici tout de même l'essentiel, avec de larges coupures, mais en en conservant le mouvement et le sens. On verra qu'il pousse le jeu encore plus loin et qu'il est, avec un sérieux parfait, encore plus caricatural dans la science pédante, l'éloquence pompeuse et la piété confite appliquées à un poème dont le refrain encourage à l'adultère :

Sur la rive de la mer,	Sur la rive de la mer
Fontenelle i sordeit cler,	une fontaine y sourdait claire,
La pucele i veaut aller :	la jeune fille veut y aller :
Violete ai trovee.	une violette j'ai trouvée.
Je doig bien conjei d'amer,	*Je (vous) donne bien la permission d'aimer,*
Dame maul marié.	*dame mal mariée*[1].

Puisque, comme le philosophe l'atteste, « la science est un trésor caché qui n'est pas divulgué »..., nous les clercs, à qui il est permis de savoir, selon la parole « À vous il est permis

1. Cette interprétation, comme il apparaît plus loin, est celle de l'auteur du sermon, qui fonde sur elle son « exégèse ». Mais on pourrait comprendre aussi : « Je donne (à un homme) la permission d'aimer une dame mal mariée. »

de connaître le mystère [du royaume] de Dieu, aux autres en revanche (seulement) dans des paraboles », nous devons enrichir les Hébreux et spolier les Égyptiens en travaillant à tourner vers le bien ce qui et mauvais. Nous, donc, confiants dans la grâce de Dieu, nous souvenant de l'autorité par laquelle il est dit « Ouvre ta bouche et je la remplirai », nous voulons considérer ce qu'est ceci : *Sur la rive de la mer*...

Voyons à nouveau ce qu'est cette chose considérée comme frivole : *Sur la rive de la mer*. Par la rive de la mer nous pouvons comprendre la bienheureuse Vierge Marie qui est dite « maris 'ia' », c'est-à-dire *stella* (étoile) ; de même elle peut être dite rive de la mer parce que la rive et la Vierge ont des propriétés concordantes : la rive est rongée par la mer, l'ancre est fixée dans la rive, on atteint le port, le chemin vers la patrie apparaît, la vue de la rive procure de la joie aux navigateurs. Ces cinq propriétés, nous pouvons les trouver dans la Vierge bienheureuse. La Vierge bienheureuse, en effet, est rongée par la mer, c'est-à-dire par le monde et que la mer soit le monde, nous le trouvons chez le psalmiste qui dit : « Cette vaste mer... » Elle est donc rongée par la mer, c'est-à-dire par le monde, à savoir par les Juifs perfides, par les Albigeois, par les hérétiques, par les mauvais chrétiens qui refusent avec mépris de la reconnaître pour la mère de Dieu et de faire quoi que ce soit de bien pour elle. L'ancre est fixée dans la rive pour que le navire soit gardé du péril...

Vient ensuite *Fontenelle i sordeit cler*. Sur cette rive naît une source claire, le Christ, qui n'est pas seulement dit source claire, mais aussi vivante.

La pucelle i vot aller. Qui est cette jeune fille qui voulut aller à la source claire, c'est-à-dire au Christ ? La bienheureuse Madeleine, qui ne peut ni ne doit être appelée vierge, mais jeune fille...

Violete ai trovee. Dans la violette trois choses sont à considérer : cette fleur qui naît avant les autres fleurs signale l'approche de la douce saison, elle est confite en sirop comme remède pour les malades, elle a un parfum réconfortant. Ces trois choses, Madeleine les a trouvées dans le Christ...

Que sont ces mots *Je doig bien congié d'amer, Dame maumarié* ? Ce sont les mots du Christ qui dit « Je ne veux pas la mort du pécheur, mais qu'il se convertisse et qu'il vive » et ailleurs « Je ne suis pas venu appeler les justes mais les pécheurs à la pénitence ». Et à qui donne-t-il la permission d'aimer ? *Dame maumarié*, c'est-à-dire à l'âme chrétienne, qui est mal mariée quand elle est corrompue par le péché de la chair. Et il lui donne bien cette permission, selon ce passage : « Reviens, reviens, Sunamite, etc. ». Tout particulièrement la bienheureuse Madeleine était mal mariée. En effet elle tomba dans les mains de sept maris chacun pire que le précédent, et qui sont devenus ses ennemis. Mais Jésus Christ, qui fouille les secrets du cœur et ne repousse pas ceux qui se repentent, selon la parole « Dieu ne repousse pas le cœur contrit et humilié », l'a libérée d'un mariage si honteux, d'où la parole « de qui il avait chassé sept démons », et il l'aima plus que les autres. Il lui apparut en effet avant d'apparaître à ses disciples, lui – qu'il daigne se préparer pour nous à la miséricorde – Jésus Christ, notre seigneur, dont le règne et le pouvoir durent sans fin dans les siècles des siècles[1].

1. Sur la rive de la mer, / Fontenelle i sordeit cler, / La pucele i veaut aller : / Violete ai trovee. / *Je doig bien conjei d'amer, / Dame maul marié.*

Quoniam testante philosofo, « scientia est tesaurus absconditus qui non dispergitur »..., nos clerici quibus scire permissum est juxta illud « Vobis datum est nosse misterium [regni] Dei, ceteris autem in parabolis » (Lc 8, 10), debemus Hebreos dittare et Egiptios spoliare (Ex 12, 35-36), prava in bonum exponere laborantes. Nos igitur de Deo gratia confidentes, auctoritatem illam memoriter recolendo per quam dicitur « Apperi os tuum et implebo illud » (Ps 80, 11), considerare volumus quid sit illud : *Sur la rive de la mer*...

Iterum videamus quid sit istud quod quasi frivolum reputatur. *Sur la rive de la mer* : per rippam maris possumus intelligere beatam Mariam virginem que dicitur « maris 'ia' » .i. stella ; similiter potest dici ripa maris propter quasdam proprietates tam ripe quam Virgini concordantes, has.s. : ripa per mare corroditur, in ripa ancora figitur, portus accipitur, iter ad patriam demonstratur, visa ripa navigantibus gaudium preparatur. Has quinque proprietates possumus reperire in beata Virgine. Beata enim Virgo per mare.i. per mundum corroditur et quod mare sit mundus habemus per Psalmistam dicentem, « Hoc mare magnum... » (Ps 103, 25). Per mare ergo.i. per mundum corroditur.s. per perfidos Judeos, per Albigenses, per hereticos, per falsos Christianos qui eam esse matrem Dei recognoscere contempnunt et pro illa aliquid bene agere vilipendunt. In ripa ancora figitur ut navis contra periculum teneatur...

Sequitur *Fontenelle i sordeit cler*. In ripa ista fons oritur clarus.i. Christus qui non tantum dicitur fons clarus immo etiam vivus...

On se demande en lisant ce texte un peu hallucinant si l'auteur, encouragé par la réussite de son sermon de la Belle Aelis, n'a pas voulu renchérir dans la difficulté et le paradoxe. Plus encore que l'autre texte, il obéit au modèle du sermon universitaire, avec une division du thème, des énumérations, des classifications, des distinctions (comme dans l'exercice universitaire des *distinctiones*), tout un appareil d'argumentation fondée sur l'autorité de citations de l'Écriture ingénieusement choisies. Tout cela pour rapporter à la Vierge Marie et à la conversion de sainte Marie-Madeleine cette chanson si simplette qu'elle en est peu claire, mais en tout cas toute chargée d'érotisme. Il était déjà assez fort, dans le sermon de la Belle Aelis, de rapporter le refrain, qui exclut de la danse ceux qui ne sont pas amoureux, aux hérétiques, aux juifs et aux mauvais chrétiens exclus de l'amour de Dieu et envoyés en enfer. Mais

La pucelle i vot aller. Que fuit puella ista que ad fontem clarum.i. ad Christum ire voluit ? Beata Magdalena que non virgo sed puella dici potest vel debet...

Violete ai trovee. In viola tria sunt consideranda : flos enim ille ante alios flores nascens serenitatem temporis venientem designat, ad medelam infirmorum in sirupo conficitur, hodorem habet confortativum. He tria invenit beata Magdalena in Christo...

Que sunt verba ista *Je doig bien congié d'amer, Dame maumarié* ? Jhesu Christi dicentis « Nolo mortem peccatoris, sed ut convertatur et vivat » (Ez 33, 11) et alibi « Non veni vocare justos, sed peccatores ad penitentiam » (Mt 5, 44). Et cui dat licenciam amandi ? *Dame maumarié*.i. cuilibet anime Christiane que male maritata est quando per peccatum carnis corrumpitur. Et bene dat ei licenciam justa illud « Revertere, revertere Sunamitis etc. » (Ct 6, 12) ; et specialiter beata Magdalena male maritata fuit. Septem enim viri de malo in pejus declinantes apprehenderunt eam et facti sunt ei inimici. Jhesus Christus vero qui cordis secreta rimatur et penitentes non respuit iusta illud « Cor contrictum et humiliatum Deus non spernit » (Ps 50, 19), eam autem de tam turpi consortio liberavit, unde dictum est « de qua ejecerat septem demonia » (Mc 16, 9) et eam pre aliis dilexit. Ei enim priusquam discipulis suis apparuit, quam nobis misericordiam preparare dignetur, Jhesus Christus dominus noster, cujus regnum et imperium sine fine permanet in secula seculorum.

il l'est plus encore dans le sermon *Sur la rive de la mer* de rapporter l'autorisation d'adultère donnée aux dames mal mariées à l'amour de Marie-Madeleine pour le Christ. C'est pour voir dans les sept démons chassés par le Christ de Marie-Madeleine ses sept maris que l'auteur doit considérer « dame mal mariée » comme un vocatif et non comme le complément d'objet direct de « aimer ». Les danseurs qui chantaient ce rondeau comprenaient parfaitement que ses paroles pouvaient inviter à l'adultère, comme le fait aisément la danse elle-même. Mais ils n'auraient rien compris à ce sermon. Peut-être le mélange des genres les aurait-il scandalisés.

À l'égard des simples et de leurs simples poèmes, avec lesquels ils jouent, ce sermon et celui de la Belle Aelis sont des mystifications. À l'inverse de Jacques de Vitry, de Maurice de Sully et même du prédicateur d'Amiens, qui tous imitent le langage des simples pour leur faire comprendre une pensée complexe, ces sermons partent de la poésie des simples pour montrer qu'ils sont capables d'en tirer une pensée et une méthode complexes.

Et le troisième sermon qui a pour thème un rondeau, le sermon en vers français ? Son cas est un peu différent. Il porte dans l'un des manuscrits l'appellation de « moralité »[1] :

Moralités seur ces. vi. vers	Moralité sur ces six vers
C'est la jus c'on dit es prés,	Là-bas, dit-on, dans les prés,
Jeu et bal i sont criés.	Jeux et bals y sont criés.
Enmelos i veut aller,	Enmelot veut y aller,
A sa mère en aquiert grés.	À sa mère, elle demande la permission.
« Par Dieu, fille, vous n'irés,	*« Par Dieu, ma fille, vous n'irez pas,*
Trop y a de bachelers	*Il y a trop de jeunes gens*
Au bal. »	*Au bal. »*

1. Ms. Paris, BnF fr. 12467, f. 53v.

Comme ceux des deux sermons latins, ce rondeau est irrégulier. Nous ne les appelons rondeaux (sans grand scrupule, au demeurant, car les rondeaux irréguliers sont très nombreux) que parce qu'ils en ont l'allure générale, le ton, la thématique, la fonction. Mais ils n'ont pas de refrain inséré et, du coup, leur strophe est plus longue que celle d'un rondeau, comme si, détournés de leur utilisation comme entraînement à la danse, ils n'avaient plus besoin de la structure qui lui est liée. Ici, seul le contexte, le mouvement de la strophe, le passage au style direct, l'habitude que l'on peut avoir de cette poésie permettent de considérer à coup sûr les trois derniers vers comme un refrain. Thématiquement, ce rondeau irrégulier est l'ancêtre de la chanson populaire bien connue encore aujourd'hui, extrêmement simple, dont chaque strophe est constituée d'un unique décasyllabe à césure 4/6 : « Sur l'pont du nord / Un bal y est donné / Adèle demande / à sa mère d'y aller. / « Non, non, ma fille, / vous n'irez pas danser. »

À première vue, la « moralité » en vers français suit une méthode qui n'est guère différente de celle des deux sermons latins. Chaque vers du rondeau reçoit un commentaire explicatif qui en dégage le sens allégorique. On relève cependant deux différences importantes. La première est que ce sens second est asséné, si l'on peut dire, sans argumentation, sans distinctions, sans recours à des autorités scripturaires. La seconde est que l'allégorie y a peu à voir avec la méthode exégétique qui porte ce nom. Il s'agit ici de ce que nous appelons communément allégorie, mais qui est en réalité le procédé de la personnification, en usage depuis l'Antiquité et couramment appliqué par la poésie à la vie morale depuis la *Psychomachie* de Prudence. Quand nous parlons de la littérature allégorique en langue vulgaire (le *Songe d'enfer* de Raoul de Houdenc, le *Tournoiement Antéchrist* de Huon de Méry, le *Roman de la Rose*, et d'une façon générale une bonne part de la littérature française à partir du XIIIe siècle), nous voulons parler d'une littérature fondée sur la mise en scène de personnifications, et non d'une méthode qui dégage, derrière le sens littéral d'un texte, son sens spirituel plutôt que son sens moral ou son sens eschatologique. Aussi bien, cette littérature « allégorique » est généralement tropologique et le texte que nous examinons en ce moment s'intitule lui-même « moralité ». Son développement, en contraste complet avec celui des sermons, consiste essentiellement à donner chair aux personnalités morales mises en scène.

Qu'on en juge. Le pré où la scène se déroule, c'est le monde, dont les fleurs se fanent très vite. L'une de ces fleurs est Richesse, une autre Beauté, une autre Seigneurie.

Li geu, li bal qui crié sont,	Les jeux, les bals qui sont criés,
Ce sont les vanitez dou mont,	ce sont les vanités du monde,
Li vice et les males pensées	les vices et les mauvaises pensées,
Autressi com par ban criees.	criées comme on crie le ban.
....	....
Enmelos, c'est la chars humaine	Enmelot, c'est la chair humaine
De cui chascuns servir se paine	que s'efforcent de servir tous ceux
Qui veut suivre les vanités	qui veulent suivre les vanités du monde
Et les grans superfluités	et tout l'excès et le superflu
Del mont de boire et de mengier,	de nourriture et de boisson,
Qui de Dieu le font eslongier[1].	qui les éloignent de Dieu.

1. V. 63-76.

Sa mère, à qui Enmelot demande l'autorisation d'aller au bal et qui la lui refuse, c'est l'âme, qui s'efforce de contrecarrer les mauvais désirs de la chair. Les jeunes gens, les *bacheliers*, qui sont trop nombreux au bal, ce sont les vices : Orgueil, le premier, responsable de la chute des anges rebelles, Vaine Gloire, Gloutonnerie, responsable du péché originel, Luxure, Convoitise, Colère et Haine. Conclusion :

Or prions Dieu tuit de bon cuer	Prions donc tous Dieu du fond du coeur
Que la char ne face a nul fuer	que la chair ne fasse en aucune façon
Chose par quoi soit tormentee	rien par quoi l'âme soit tourmentée
L'ame quant dou cors iert sevree,	quand elle sera séparée du corps,
Et k'Enmelos puisse si vivre	et qu'Enmelot puisse vivre de façon
Que sa mere face delivre	à rendre sa mère libre
Dou feu d'enfer, qu'ele n'i soit :	du feu d'enfer, qu'elle n'y soit plongée :
Dites Amen, que Diex l'otroit[1].	Dites Amen, que Dieu l'accorde.

Bref, une moralité allégorique comme il y en a tant dans la poésie française du XIIIe siècle, qui prête au rondeau à danser un autre sens que son sens littéral et qui le commente sur un tout autre registre que le sien, celui de la poésie religieuse et morale, celui de l'allégorie au sens que nous donnons à ce mot s'agissant de la poésie, mais nullement en le transposant dans un univers intellectuel radicalement différent du sien comme le font les deux sermons latins.

De ce fait, un trait déjà présent dans ces deux sermons frappe ici davantage : un sermon, un enseignement moral

1. V. 169-176.

prenant pour point de départ un rondeau de danse, dont le texte invite généralement à l'amour, ne devrait pas avoir besoin de l'allégorie ni de la substitution d'un sens second à la littéralité du texte. N'aurait-il pas assez à faire en mettant en garde les jeunes filles contre les dangers de la danse et de la promiscuité avec des essaims de jeunes gens, en flétrissant l'invitation à l'adultère, en s'indignant qu'on fasse entonner au chœur des danseurs des refrains qui condamnent ceux qui ne sont pas amoureux, qui invitent à céder au désir, qui encouragent les dames à tromper leur mari, qui raillent les jaloux ? Pas du tout : il se croit obligé de soutenir que ceux qui ne sont pas amoureux sont ceux qui n'aiment pas le Bon Dieu, que la mal mariée invitée à aimer est Marie-Madeleine, etc. Seule la moralité en vers français, dont l'audace est moindre, puisqu'elle choisit, non un rondeau qui invite à la danse et à l'amour, mais un rondeau dont le sens littéral penche déjà vers l'ordre moral, offre un développement attendu d'une dizaine de vers sur la luxure, qui n'est cependant pas privilégiée et qui trouve sa place, ni trop haute ni trop basse, dans la liste des péchés.

Encore ce développement a-t-il la particularité de ne pas s'adresser à une jeune fille qui veut aller au bal retrouver les jeunes gens, mais de s'intéresser exclusivement à la luxure en milieu ecclésiastique :

Luxure ceste vient après.	Luxure suit de près (Gloutonnerie).
Ceste est sa parente de prés.	Elle est sa proche parente.
Ceste fait moines renoiier,	elle fait aux moines renier leurs vœux,
Ceste fait nonnains desvoiier,	elle fait se dévoyer les nonnes,
Ceste fait foloier les sages,	elle fait faire des folies aux sages,
Ceste fait guerpir hermitages,	elle fait quitter les ermitages,

Foloier fait clers et prouvoires,	elle fait faire des folies aux clercs et aux prêtres,
Et moines blans et nonnains noires,	aux moines blancs, aux nonnes noires.
Seste fist ja tolir la vie	Elle a poussé jadis David à ravir la vie
David home de sa lignie	d'un homme de son lignage
Pour ce que ne fust perceüs	pour éviter que son adultère
Ses avoltires et seüs[1].	ne fût découvert et connu.

Voilà un passage important. Il révèle que ce poème, comme les semons latins, s'adresse à des gens d'Église. Mais ce ne sont probablement pas les mêmes. Non pas des clercs savants, friands de jeux intellectuels, mais ce public pieux, souvent féminin, à demi lettré seulement, puisqu'on lui propose des lectures en langue vulgaire, qui m'avait paru le destinataire fréquent de la littérature d'édification dans cette langue : nonnes, mais plus encore béguines ou dames vivant dans la mouvance d'un monastère et se soumettant volontairement à la règle.

On peut en dire autant d'un curieux traité de dévotion du XIIIe siècle en français, dont on connaît aussi une traduction en catalan, le *Livre d'amourettes*, que ses éditrices définissent comme un « écrit spirituel à insertions lyriques », et qui est en effet scandé d'un bout à l'autre de citations lyriques, souvent empruntées à des chansons connues d'autre part[2]. C'est un récit allusif de la vie de Jésus, de sa naissance à sa passion et à sa résurrection, suivi d'exhortations à l'aimer assez pour être admis à l'aimer éternellement dans la joie du paradis.

1. v. 117-128.

2. Cette œuvre, qui n'était connue que par quelques articles ne remontant qu'à une quarantaine d'années, est aujourd'hui accessible grâce à l'édition de M.-G. Grossel et A. Ibos-Augé, *Le* Livre d'amorettes. *Écrit spirituel à insertions lyriques du XIIIe siècle. Édition du ms. Paris, BnF lat. 13091, complété par le ms. Paris BnF fr. 23111*, Paris, Champion, « Classiques français du Moyen Âge », 2022.

Le ton est constamment celui de l'émotion, de l'exclamation, de l'effusion, à la manière de la spiritualité monastique et peut-être à l'imitation de celui de saint Bernard de Clairvaux, la rigueur en moins. Il est d'un bout à l'autre dans l'incandescence de l'amour que Jésus a pour nous et de celui que nous devons avoir pour lui et pour sa mère, justifiant ainsi pleinement la rubrique initiale de l'un des manuscrits, « De l'amour de Jésus-Christ et comment nous devons l'aimer ». Rien d'étonnant à ce qu'un grand nombre de citations, parmi quelques autres à contenu explicitement religieux, soient celles de chansons d'amour, souvent de chansons à danser, souvent, il est vrai, modifiées par un auteur ou par des scribes peu soucieux de la métrique. Parfois, ce sont des chansons de femme, que l'auteur prend soin de placer dans la bouche de l'Église, attendant le sauveur annoncé par les prophètes :

Dieux ! Trop demeure qui m'avra !	Mon Dieu ! Il tarde tant, celui qui m'aura !
Bien sçay qu'entrobliee m'a[1] *!*	Je sais bien qu'il m'a oubliée.

Ou dans la bouche de l'âme, mise en garde de ne pas se trouver en situation de chanter avec les damnés :

Lasse ! pourquoy fu onques de mere nee ?	Malheureuse ! Pourquoi suis-je née d'une mère ?
Pour mon orgueil ai mon ami perdu !	Par mon orgueil j'ai perdu mon ami.

Parfois, il est indifférent aux questions de genre et le cri d'amour d'un homme pour une femme est poussé par les damnés, chassés loin de Dieu au jour du Jugement :

1. M.-G. Grossel et A. Ibos-Augé, *Le* Livre d'amorettes. *Écrit spirituel à insertions lyriques du XIII*e *siècle*, p. 415.

Las ! or m'an vois sans li.	Malheureux ! Voilà que je m'en vais sans elle.
Coment pourai je joie mener[1] *?*	Comment pourrai-je éprouver de la joie ?

Parfois, la « chansonnette » pourrait surprendre si son commentaire n'en justifiait la citation :

Il n'avoit onques apris a gesir en si dur lit ; il peüst bien dire la chançonnete :
Cist lit m'est noviax,
Onques mes tel n'oi :
Ce me font amours.
Vraiment, granz amors, qui ça l'amena plorer et doloir avec nos. XXXII. anz et plus[2].

Il (le Christ) n'avait jamais appris à dormir dans un lit si dur ; il aurait bien pu dire la chansonnette :
Ce lit m'est nouveau,
Je n'en ai jamais eu de tel :
C'est l'effet de l'amour.
Grand amour, vraiment, qui l'amena à pleurer et à souffrir avec nous plus de trente-deux ans.

Restons-en là avec ces exemples. Dans un même registre, celui de la prédication et de la littérature de dévotion, quelle variété dans la relation que les textes entretiennent avec les simples, destinataires ultimes de la pastorale ! Que de situations différentes et complexes ! L'opposition entre les simples et les savants ou entre les simples et les hautes classes de la société ne suffit pas. Il existe un monde intermédiaire, qui n'est pas celui des simples au sens social, qui n'est pas

1. *Ibid.*, p. 424.
2. *Ibid.*, p. 413.

un monde d'ignorants, mais qui est un monde dont les compétences intellectuelles sont plus réduites et les besoins intellectuels plus limités que ceux des « gens de savoir ». Un continuum culturel, au-delà de toutes les ruptures, le relie au monde des vrais simples. Ils dansent en chantant les mêmes chansons. Ils ne savent pas beaucoup mieux le latin. Un continuum intellectuel les relie au monde des savants : ils savent qu'un commentaire se doit de dégager un sens second, et non pas seulement de développer l'évidence. Ce public maîtrise les raffinements de la poésie en langue vulgaire, qui lui est familière, mais a besoin de ces raffinements pour que l'abstraction de la pensée développée dans le latin des savants lui soit accessible. On n'en finirait pas d'inventorier les œuvres en vers ou en prose qui s'adressent à un tel public. Les titres parlent d'eux-mêmes : *Le Poème moral*[1], *La Lumière as lais* (« La Lumière pour les laïques ») de Pierre de Peckham (ou Fetcham)[2], et tant d'autres. Quant à la *Biblia pauperum* (« Bible des pauvres »), livre d'images commentées du XIIIe siècle mettant en relation chaque fois un épisode de la vie du Christ avec deux scènes de l'Ancien Testament, dont le succès fut immense et durable, elle est si peu destinée aux pauvres que les commentaires sont en latin et que les manuscrits, comme plus tard des impressions, sont superbes[3].

Ce public intermédiaire, on le trouve, comme dans le cas de notre moralité, aux franges de l'Église, mais on le trouve aussi fréquemment dans le monde aristocratique, par

1. *Le poème moral, traité de vie chrétienne écrit dans la région wallone vers l'an 1200*. Éd. complète par A. Bayot, Bruxelles, Palais des Académies, 1929.

2. G. Hesketh, *La lumere as lais by Pierre d'Abernon of Fetcham*, Londres, Anglo-Norman Text Society, 3 vol., 1996-2000.

3. Fr. Chêneau (dir.), J.-P. Deremble, G. Passerat, Moniales dominicaines de Prouilhe, *La Bible des Pauvres*, Préface de Chr. Heck, Le Coudray-Macouard, Saint-Léger Éditions, 2021.

exemple Isabelle de France, fille de saint Louis, dédicataire de la *Vie de sainte Elyzabel de Hongrie* de Rutebeuf[1], ou dans celui des marchands, par exemple, bien que ce soient des personnages littéraires, Evast et sa femme Aloma dans l'étrange et saisissant *Livre d'Evast et Blaquerne* de Raymond Lulle[2]. Ce n'est pas une catégorie marginale. C'est, si j'ose dire, le cœur de cible de la littérature vernaculaire.

Pour s'adresser à ce public, qui est le public le plus sophistiqué auquel se destine la littérature en langue vulgaire, les textes d'inspiration religieuse renoncent aux instruments de pensée les plus difficiles, philosophiques, logiques ou spirituels, utilisés par la littérature théologique ou contemplative dans sa langue naturelle, le latin. Ils compensent cette sorte de mutilation en se constituant une poétique propre fondée sur les pratiques de la poésie vernaculaire. Non pas sur des citations comme dans le sermon d'Amiens ou dans les deux sermons à thèmes de rondeaux, mais sur une assimilation et un amalgame. La poésie de langue vulgaire, sous des formes qui, encore une fois, n'en font nullement la poésie des simples, sert ainsi à donner une forme de simplicité à un discours abstrait et complexe.

1. Éd. et trad. M. Zink, dans *Rutebeuf. Œuvres complètes*, Paris, Le Livre de Poche, « Lettres gothiques », 2e éd., p. 635-763.

2. *Libre d'Evast, d'Aloma e de Blanquerna* (original catalan), éd. J. Pons, I Marquès, dans R. Lulle, *Obres essencials*, Barcelone, Editorial Selecta, 1957, t. I, p. 111-307. Traduction en ancien français éd. A. Llinarès, *Livre d'Evast et de Blaquerne*, Paris, PUF, 1970.

SIMPLIFIER EN AMPLIFIANT

De la parabole au roman

Le seul processus de la traduction parvient à rendre simple un discours complexe. Les cinq paraboles de saint Bernard en constituent un bon exemple. Le récit en est d'une grande simplicité et ne cherche nullement à tenir le lecteur en haleine : il n'est là que pour donner le sens littéral. C'est le sens allégorique tiré de cette sèche littéralité qui fournit l'essentiel du développement. Ce sont des allégorèses, et non des allégories : l'auteur ne dégage pas le sens allégorique d'un récit préexistant, comme le fait un exégète de l'Écriture sainte, mais il compose de toutes pièces un récit qui possède un sens second au-delà de son sens littéral. Écrites probablement pour l'édification de ses moines, les paraboles de saint Bernard sont en latin. À notre connaissance, il n'a jamais écrit que dans cette langue. Mais deux d'entre elles ont été traduites en français. Ce sont la première (*De filio regis*, « Le fils du roi ») et la dernière (*De tribus filiabus* (sic) *regis*, « Les trois filles du roi »). Cette traduction française, ou plutôt cette adaptation, qui se lit dans un manuscrit du XIIIe siècle, réunit les deux paraboles en un seul récit et accroît ainsi, mais au prix d'incohérences, l'épaisseur et l'intérêt romanesques du récit, qui devient un véritable petit roman, dont les premiers mots, « Il était un roi noble, riche et puissant… », donnent le ton[1].

---

1. Ms. Paris, Mazarine 788, f. 174r1 – 189v2, « Uns rois nobles, riches et poissanz estoit ».

Voici, à titre d'exemple, le début des deux paraboles de saint Bernard et le début des deux paraboles réunies en un seul récit, dans l'adaptation française.

Première parabole de saint Bernard :

Le fils du roi

Un roi riche et puissant, Dieu tout-puissant, se fit à lui-même un fils, l'homme, qu'il avait créé, auprès duquel il envoya comme à un enfant délicat des professeurs, la Loi et les Prophètes, et tous les autres tuteurs et autorités jusqu'au temps fixé de son accomplissement. Il l'instruisit et le mit en garde, en l'établissant maître du paradis et en lui montrant et promettant tous les trésors de sa gloire, s'il ne se séparait pas de lui. Et pour qu'il ne lui manquât rien de ses biens, il lui accorda même le libre arbitre, pour que le bien qui était en lui fût volontaire, et non contraint. Ayant reçu la capacité de faire le bien et le mal, (le fils) commença à se dégoûter de tout ce qu'il avait de bien, par désir de connaître le bien et le mal. Étant donc sorti du paradis de la bonne conscience, à la recherche de choses nouvelles qu'il ne connaissait pas, lui qui jusqu'alors n'avait pas connu d'autres choses que bonnes, ayant quitté les lois et les professeurs de son père, il mangea de l'arbre de la connaissance du bien et du mal, malgré l'interdiction de son père ; et, misérable, se cachant de la face de Dieu et la fuyant, l'enfant insensé se mit à errer par les montagnes de l'orgueilleuse hauteur, par les vallées de la curiosité, par les plaines de la licence, par les forêts de la luxure, par les marais des voluptés charnelles, par les fleuves des soucis de ce monde[1].

1. J. Leclercq et H. Rochais (éd.), *Sancti Bernardi opera*, t. VI, 2, Rome, Editiones cistercienses, 1972, p. 261.

De filio regis

Rex dives et potens, Deus omnipotens, filium sibi fecit hominem, quem creaverat, cui sicut puero delicato paedagogos delegavit Legem et Prophetas, ceterosque tutores et actores usque ad praefinitum tempus eius consummationis. Instruxit eum et monuit, dominum eum paradisi constituens, omnesque thesauros gloriae suae ei ostendens et repromittens, si se non desereret. Et ne quid deesset bonis eius, etiam liberum arbitrium ei indulsit, ut bonum eius voluntarium esset, non coactum.

Deuxième parabole de saint Bernard (en fait, la cinquième de la série de ses paraboles) :

Les trois filles du roi

Un roi noble et puissant eut trois filles, Foi, Espérance, Charité. Il leur confia une cité précieuse, l'âme humaine. Comme dans celle-ci il y a trois forteresses, à savoir la faculté de raisonner, la faculté de désirer et la faculté d'éprouver, il confia à chacune la sienne : à Foi la première, à Espérance la deuxième, à Charité la troisième[1].

Et voici le début de l'adaptation française :

Ci commence uns sermons d'un roi qui ot.I. fill et. III. filles. LXXXXV[2].

Uns rois nobles, riches et poissanz estoit, qui avoit.I. fill et. III. filles. Du fill dirons premièrement, si dirons des filles aprés. Le fill amoit molt li peres et molt le fesoit vivre délicieusement. Si le doctrina et ensaigna et estruist et aprist et fist seigneur de sa meson, tant que.I. jur le mena a son trésor et li comanda et dist que s'il ne trespassoit son commendement et ne le corrouçoit, qu'il li dorroit tout et le feroit seigneur, et tant li dist : « Amis, ge t'ai

---

Accepta licentia boni et mali, coepit eum taedere bonorum suorum, a concupiscentia sciendi bonum et malum. Egressus igitur de paradiso bonae conscientiae, nova quaerens quae nesciebat, qui nulla adhuc nisi bona noverat, patris legibus et paedagogis relictis, manducavit de ligno scientiae boni et mali contra vetitum patris ; et abscondens se miser et fugiens a facie Domini, coepit vagari puer insipiens per montes altitudinis, per valles curiositatis, per campos licentiae, per nemora luxuriae, per paludes voluptatum carnalium, per fluctus curarum saecularium.

1. *Ibid.*, p. 282. *De tribus filiabus regis*

Rex nobilis et potens tres habuit filias, Fidem, Spem, Caritatem. His delegavit civitatem eximiam, humanam animam. In qua cum tres sint arces, scilicet rationabilitas, concupiscibilitas, irascibilitas, unicuique suam contradidit : Fidei primam, Spei secundam, Caritati tertiam.

2. Les textes assez divers réunis dans le manuscrit Mazarine 788 sont divisés en chapitres numérotés de façon continue.

apris, norri et doctriné. Or fai que frans de tel libéralité, que se li bien que ge t'ai moustré et enseignié te plesent, tenir les puez par grace, ou lessier se tu veuls sanz force. »

Cil peres est Nostre Sires et li filz est Adans ou chascune ame de crestien. Li tresors est li regnes du ciel, que chascuns puet avoir se il ne veult corroucier Dieu son pere.

Mes quant li filz ot prise poesté de bien fere ou de mal, si li comencierent molt a anuier li delit qu'il avoit euz et dist que or savoit assez bien : or aprendroit du mal por savoir que ce estoit. Dont s'en issi li filz du paradis de bone conscience, querant nouvelles choses qu'il ne savoit mie, quar il ne savoit fors que bien. Or se repost li chetis et foui de son pere ; si se commença li fox a esmaier par la montaigne d'orgueill, par les valees de curiosité, par les chanpaignes de licence, par les boscages de luxure, par les boes de deliz charniels et par les flueves des cures seculers[1].

Il était un roi noble, riche et puissant qui avait un fils et trois filles. Nous parlerons d'abord du fils, et ensuite des filles. Le père aimait beaucoup son fils et lui faisait mener la vie la plus agréable. Il fit son éducation, lui donna un enseignement, le rendit bien éduqué et bien élevé, et fit de lui le maître de sa maison, jusqu'au jour où il le mena devant son trésor. Il lui fit connaître ses commandements et lui dit que, s'il n'enfreignait pas ses commandements et ne l'irritait pas, il lui donnerait tout et le rendrait maître de tout. Et il lui dit : « Mon ami, je t'ai éduqué, élevé et enseigné. Use librement de ces bienfaits : si les biens que je t'ai montrés et dont je t'ai instruit te plaisent, tu peux les posséder en don ou, si tu veux, tu peux les rejeter sans contrainte.

Ce père est Notre Seigneur et le fils est Adam ou l'âme de chaque chrétien. Le trésor est le Royaume du Ciel que chacun peut avoir, s'il ne choisit pas de courroucer Dieu, son Père.

Mais quand le fils fut en possession du pouvoir de faire le bien et le mal, les plaisirs dont il avait joui jusque-là commencèrent à lui peser beaucoup et il se dit que désormais il savait suffisamment ce qu'était le bien : il apprendrait désormais le mal pour savoir ce que c'est. Le fils quitta donc le paradis de la bonne conscience, à la recherche de choses qu'il ne connaissait

1. Ms. Paris, Mazarine 788, f. 174r.

pas, car il ne connaissait que le bien. Le malheureux se cacha donc de son père et s'enfuit loin de lui. Ce fou commença à avoir la tête tournée et à s'égarer par la montagne de l'orgueil, par les vallées de la curiosité, par les campagnes sans clôtures de la licence, par les bocages de la luxure, dans la boue des plaisirs charnels et dans les fleuves des soucis de ce monde.

L'adaptateur a, d'évidence, cousu les deux paraboles en une seule à cause de leur début similaire (« Un roi riche et puissant... », « Un roi noble et puissant »...) et à cause du parallélisme entre le roi père d'un fils et le roi père de trois filles. Il sait rendre le sens allégorique de chacune dans des termes concrets qui répondent dans l'ensemble à la pensée de saint Bernard. Mais il ne se soucie pas de conserver à l'allégorie, dans le cadre d'un récit unique, une cohérence, qui disparaît dès lors que les deux paraboles sont réunies en un seul conte de fées édifiant.

Le fils et les trois filles, dont il conte successivement l'histoire, enfants du même roi, qui est Dieu, ne sont pas des personnages du même ordre. Le fils est « Adam ou l'âme de chaque chrétien ». Les trois filles sont les trois vertus théologales (la foi, l'espérance et la charité). Or ces dernières sont déjà présentes dans la première partie, l'histoire du fils du roi, mais ce ne sont nullement ses sœurs, les filles du roi : Espérance est un « sergent » du roi, Charité un haut personnage de sa cour et Foi un cheval. D'autre part, chacune des deux parties se termine sur le siège d'un château par les forces du mal. Mais les deux sièges, malgré leur parallélisme, n'ont pas la même signification. L'auteur le fait apparaître en avertissant dans la première partie que la prise du château entraînerait la mort de l'âme (c'est-à-dire du fils du roi), alors que dans la seconde partie la prise du château par le diable n'empêche pas une reconquête et une restauration. Dans le premier cas, le château est une vertu, Sagesse, qui donne refuge au fils du roi, autrement dit qui tient l'âme en sa possession. C'est une vertu dont la vie de l'âme dépend. Dans le deuxième cas, le château est l'âme elle-même, dont le diable chasse les vertus, avant que celles-ci parviennent à le réinvestir ensuite. Dans le premier cas, l'âme, que le château Sagesse tente de protéger, est la vie même de l'homme. Si le Malin parvient à la tuer, c'en est fait de la vie éternelle. Dans le deuxième cas, l'âme est plutôt sa conscience, champ de la lutte entre les vertus et les vices[1]. Ces contradictions viennent de ce que, dans l'adaptation française, la cohérence de la pensée théologique et morale n'est plus l'essentiel. Le type d'intérêt auquel il est fait appel chez le lecteur s'est déplacé. La pilule édifiante est enrobée de sucre romanesque.

Chez saint Bernard, cette pensée théologique et morale est évidemment l'essentiel. Elle est annoncée dès les premiers mots : « Un roi riche et puissant, Dieu tout-puissant, se fit à lui-même un fils, l'homme, qu'il avait créé[2] » ; « Un roi noble et puissant eut trois filles, Foi, Espérance, Charité[3]. » Quant à l'habillage romanesque, il est presque tout de suite oublié. Bernard donne d'emblée la clé de l'identité réelle des personnages ou des lieux et celle de leur sens. Mais c'est cet habillage romanesque qui retient l'adaptateur français, tandis qu'il supprime les formulations théologiques et philosophiques de saint Bernard, comme celles sur le libre-arbitre. Les paysages du vice, décrits par Bernard, renvoient si naturellement à leur signification morale que le lecteur comprend sans peine que les *montes altitudinis* (« montagnes de la hauteur ») ne sont pas simplement de hautes montagnes (*altos montes*) mais les montagnes de la hauteur que donne le sentiment de supériorité, les montagnes de l'orgueil, comme

1. Voir M. Zink, *La Prédication en langue romane avant 1300*, Paris, Champion, 1976, p. 285-286.

2. *Rex dives et potens, Deus omnipotens, filium sibi fecit hominem, quem creaverat.*

3. *Rex nobilis et potens tres habuit filias, Fidem, Spem, Caritatem.*

traduit le sermon français, contraint cette fois d'aller droit au sens moral, faute de pouvoir transposer la formulation hardie de l'original.

Pourtant, l'adaptateur français, toujours avide de représentations concrètes et de récit pittoresque, se plaît à étoffer les descriptions. On le voit en particulier à la fin de son sermon, qui correspond à la fin de la parabole 5 de saint Bernard, *Les trois filles du roi*. Lorsque Foi, Espérance et Charité ont repris la Cité de l'Âme et libéré Libre Arbitre, son *grand prévôt*, comme dit le traducteur, un repas célèbre cette victoire. Le texte de saint Bernard se termine sur l'évocation rapide de ce repas aussi frugal et austère que symbolique. L'adaptation française, pour sa part, montre de deux façons qu'elle s'adresse à un public à la fois moins savant et plus intéressé par les réalités profanes. D'un côté, elle développe et tente d'expliciter le sens spirituel en le fondant sur des citations scripturaires, comme le ferait un véritable sermon. D'autre part, elle décrit, comme le ferait un roman courtois, un festin égayé par les divertissements des musiciens et des jongleurs, par les danses et par les jeux, puis, pendant deux feuillets encore, elle invente de toute pièce un récit de la restauration de la cité grâce au travail du « grand prévôt » et à celui de chacun de ses « sergents ».

Qu'on en juge. Voici la fin de la parabole de saint Bernard :

> Leurs maisons sont préparées aux filles du roi, et des mets appropriés sont servis à leurs tables. Sur les tables de Foi sont posés le pain de douleur, l'eau d'angoisse et tous les aliments de la pénitence. Sur la table d'Espérance, le pain qui réconforte, l'huile qui détend le visage et tous les autres aliments de la consolation. Sur la table de Charité, le vin qui réjouit et toutes les délices du paradis[1].

---

1. Éd. J. Leclercq et H. Rochais, *Sancti Bernardi opera*, t. VI, 2, Rome, Editiones cistercienses, 1972, p. 285. *Preparantur filiabus regis*

Et voici ces quelques lignes développées dans l'adaptation française (en romain dans le texte d'origine, et en italique dans la traduction, les phrases qui correspondent au texte de saint Bernard) :

Puis commandent les. III. filles au roi que les tables soient mises, *quar pieça n'avoient pas mangié lor mesniee se pain non de pechié. La table de Foi fu mise a esperanz de Dieu. De ce dist David el sautier : « Cil est bonseureus qui met en Dieu s'esperance. » Et encor dist : « Metez vostre fiance en Nostre Seigneur et il vos norrira et deliverra de tous maus. »* Et seur la table de Foi mist l'en pain de doleur et eve d'angoisse, *ce est repentance de ce qu'il a pechié,* et les autres viandes qui sont de penitance. En la table d'Esperance fu mis le pain de confort et l'uile eslleeçant et tuit li autre mes qui confortent *l'ame et les vertuz.* En la table de Charité mist l'en *le pain de vie pardurable et* li vins eslleeçant *qui l'ame conforte* et *enyvre du vin de l'yvroigne de contemplacion. En ceste table sont mis* tuit li mes *qui sont en la haute cour* de paradis. *Or jeuent, or festent, or chantent, or dancent, or s'esbaudissent par les rues de l'ame. Or vielent et juglent et fleutent et fretelent et demainent entr'els laienz grant melodie. Quar Grace avoit comandé que chascun joast de son mestier por la court des vertuz recrier et resbaudir, qui sont en l'ame. Quant il orent mengié et il furent recrié et renforcié.I. poi, dont comande Madame Grace que les. III. filles au roi aillent en leurs tours, chascune en la seue, et a toz les serjanz que chascuns voist en l'office qui comandé li avoit esté devant la destruction, et que chascuns se peine d'amender ce qu'il perdirent par lor peresce. Or s'ahatist chascuns, or s'efforce chascuns et ravigore en bien fere*[1]...

domus suae, et mensae ponuntur congruae. In mensibus (sic) *quippe Fidei panis ponitur doloris et aqua angustiae, et cetera paetitentiae fercula. In mensa Spei panis confortans, et oleum exhilarans faciem, et cetera consolationis fercula. In mensa Caritatis panis vitae et vinum laetificans, et omnes deliciae paradisi.*

1. Ms. Paris, Mazarine 788, f. 187r. M. Zink, *La prédication en langue romane avant 1300*, Paris, Champion, 1976, p. 387-388.

> *Puis les trois filles du roi ordonnent que les tables soient mises*, car il y avait longtemps que leur entourage n'avait rien mangé d'autre que le pain du péché. La table de Foi fut mise pour ceux qui espèrent en Dieu. À ce propos, David dit dans le psautier : « Bienheureux celui qui met en Dieu son espérance. » Et il dit aussi : « Mettez votre confiance en Notre Seigneur et il vous nourrira et délivrera de tous maux. » *Et sur la table de Foi on mit du pain de douleur et de l'eau d'angoisse*, c'est-à-dire le repentir du péché, *et les autres mets qui relèvent de la pénitence. Sur la table d'Espérance fut placé le pain de réconfort, l'huile réjouissante et tous les autres mets qui réconfortent* l'âme et les vertus. *Sur la table de Charité on mit* le pain de la vie éternelle et *le vin réjouissant* qui réconforte l'âme *et* enivre du vin de l'ivresse de la contemplation. Sur cette table sont mis *tous les mets* que l'on trouve à la haute cour *du paradis*. Alors ils jouent, font la fête, chantent, dansent et s'amusent par les rues de l'âme. Ils jouent de la vielle, font les jongleurs, jouent de la flute, jouent du chalumeau et font entendre là toute sorte de mélodies. Car Grâce avait commandé à chacun de jouer selon ce qu'il avait appris pour divertir et amuser la cour des vertus qui sont dans l'âme. Quand ils ont mangé, se sont divertis et ont repris un peu de forces, Madame Grâce ordonne que les trois filles du roi aillent chacune dans sa tour, que chaque serviteur aille vaquer à la mission qui lui avait été ordonnée avant la destruction et que chacun s'active avec zèle pour réparer ce qu'ils avaient perdu par leur paresse. Chacun y prend peine, chacun y emploie ses forces et reprend vigueur en faisant ce qu'il faut…

À chaque instant, on le voit, les développements abstraits de saint Bernard, à peine colorés par une ébauche de récit et par une mise en scène allégorique vite oubliée, se transforment en véritable roman dans l'adaptation française. Comme on peut s'y attendre, l'auteur français, en même temps qu'il amplifie le texte en en développant l'argument narratif, simplifie le sens spirituel (quand ses incohérences ne le compliquent pas) et le réduit à une sorte de moralité, alors que la spiritualité de saint Bernard aborde même les questions proprement morales dans une tonalité mystique et eschatologique. Cependant, et justement parce que ce sens spirituel est simplifié à l'intention d'esprits plus simples et moins formés que les moines auxquels s'adressait saint Bernard, son développement est amplifié lui aussi, explicité, répété, appuyé sur des citations qui aident à le comprendre et à le retenir.

C'est un exemple, parmi beaucoup d'autres, de la façon dont, en français, les traités et les sermons à lire (ce que j'avais appelé « la prédication dans un fauteuil », d'après « le théâtre dans un fauteuil » de Musset) adaptent leur propos à leur public. Ce n'est un public ni de simples ni d'ignorants ni de pauvres, puisqu'il a accès à des manuscrits, qui sont des collections de ce genre de textes, qu'il les fait copier, qu'il les possède, qu'il peut les lire ou qu'il a les moyens de se les faire lire. Ce n'est pas non plus un public intellectuellement ni spirituellement très formé – sans quoi il lirait en latin. C'est un public intermédiaire, souvent féminin : dévotes nobles ou aisées, béguines, femmes vivant dans la mouvance d'un couvent, s'astreignant à en suivre les offices sans être des moniales, mais qui ne détestent pas, apparemment, de trouver parfois dans leurs lectures édifiantes un discret écho des lectures mondaines.

JEAN GERSON
ET SES SŒURS

On pourrait faire la même analyse que précédemment à l'intérieur de l'œuvre d'un seul auteur en montrant comment la logique de Raymond Lulle élaborée à des fins apologétiques, pour la conversion des infidèles, et exposée de façon systématique et abstraite dans son *Opus magnum*, est monnayée en courts traités plus simples, rendus plus vivants et plus concrets par un cadre narratif et une mise en récit, comme le *Livre de philosophie d'amour*, ou le *Livre du gentil et des trois sages.* Pour aider le lecteur à suivre la démonstration abstraite, les manuscrits sont illustrés, selon la méthode chère à Raymond Lulle, par des dessins d'arbres, dont les branches et les feuilles représentent chacune un concept, dont elle porte écrit le nom. Les ramifications et les enchaînements de la pensée sont ainsi rendus visibles. Le fait que certains de ces traités aient été composés en catalan et que quelques-uns aient été presque immédiatement traduits en français, comme le *Livre du gentil et des trois sages*, montre qu'ils s'adressent à ce public intermédiaire, comme c'est le cas aussi d'*Evast et Blaquerne*, roman catalan très vite traduit en français, qui est à la fois une revue des états du monde et surtout des états au sein de l'Église, l'utopie d'une réforme de l'Église et une quête de Dieu.

Mais on trouve aussi, dans la littérature française de spiritualité à la fin du Moyen Âge, une autre forme de médiatisation que celle que peut constituer en lui-même ce public intermédiaire : une façon de parler à la fois aux simples et des simples, qui laisse entendre que le texte suppose un relais entre lui et eux. Il s'adresse aux simples, mais à travers un truchement. L'œuvre attire l'attention sur le fait qu'elle est en français parce qu'elle est destinée aux simples, mais elle parle des simples comme de tiers auxquels elle ne s'adresse pas directement. Un exemple frappant en est *La Montagne de contemplation*, le plus célèbre peut-être des ouvrages en français de Jean Gerson, l'illustre chancelier de l'université de Paris (1363-1429).

Le simple fait d'écrire en français sur un tel sujet a quelque chose de provocant. La contemplation n'est pas en principe une voie ouverte aux simples, qui travaillent et sont donc voués à la vie active. La réflexion sur l'opposition entre vie active et vie contemplative[1] plonge ses racines dans l'Antiquité (*otium* et *negotium*) et dans la pensée juive (on la trouve chez Philon d'Alexandrie). Elle est fondée dans la pensée chrétienne, depuis ses origines, sur l'opposition entre Marthe et Marie dans l'évangile de Luc[2]. Elle est commentée par presque tous les théologiens et les auteurs spirituels médiévaux. La contemplation est un choix de vie (en pratique, la vie religieuse) avant d'être un état mystique, dont l'atteinte demeure le but idéal de la vie contemplative. Pour en revenir à la *Montagne de contemplation*, on comprend ainsi que le paradoxe est d'écrire en français un traité portant sur un choix de vie qui suppose en principe la consécration à la vie religieuse, studieuse et méditative, et donc la connaissance du latin. C'est sur ce paradoxe que Gerson s'explique au début de son ouvrage.

Les titres des courts chapitres, donnés par l'auteur lui-même dans un souci pédagogique, permettent de suivre aisément la

1. Voir *Vie active et vie contemplative au Moyen Âge et au seuil de la Renaissance*, Études réunies par Chr. TROTTMANN, Rome, École française de Rome, 2009.
2. Lc 10, 38-42.

progression de sa pensée. La succession des sept premiers parle d'elle-même :

1. *La cause d'escripre en françois et aux simples gens de la matière de contemplation.*
2. *Clergie n'est mie du tout nécessaire à gens contemplatifs.*
3. *De deux manières de gens et lesquels sont meilleurs à contemplation.*
4. *De deux manières de contemplation, l'une en science, l'autre en affection.*
5. *De la différence entre science et sapience.*
6. *Nul ne doit être dit sage sans être bon.*
7. *Comme simples gens peuvent avoir sapience ; et est montré par gros exemples*[1].

La leçon des chapitres 2 à 7 est donc que l'instruction n'est pas nécessaire à la contemplation ; que celle-ci, incompatible avec une vie active, peut être de deux sortes, savante ou affective ; que la science n'est pas la sagesse ; que la sagesse vaut mieux que la science et qu'elle est accessible aux simples. Quant au premier chapitre, qui explique pourquoi on peut écrire sur la contemplation à l'usage des simples, il suppose le raisonnement développé dans les chapitres suivants.

Mais à qui s'adresse ce discours ? Lisons le bref premier chapitre :

> La cause d'escripre en françois et aux simples gens de la matiere de contemplation.
>
> *Aucuns se pourront donner merveille pourquoy de matière haulte comme est parler de la vie contemplative, je veuil escripre en françois plus qu'en latin, et plus aux femmes que aux hommes, et*

1. *Jean Gerson. Œuvres complètes*, éd. P. Glorieux, vol. VII, Paris – Tournai – Rome – New-York, Desclée 1966. La langue de Gerson (moyen français) ne nécessite pas de traduction. On a seulement modernisé quelques graphies pour faciliter la lecture.

que ce n'est pas matiere qui appartiengne a gens simples sans lettre. A ce je respons qu'en latin ceste matiere est donnee et traittiee tres excellenment es divers livres et traitiés des sains docteurs, comme de saint Gregoire en ses Moralités, de saint Bernard sur Cantiques, de Richard de Saint Victor, et ainsi de plusieurs aultres. Si peuent avoir clers, qui scevent le latin, recours a tels livres. Mais autrement est des simples gens, et par especial de mes seurs germaines, ausquelles je veuil escripre de ceste vie et de cest estat ; car, comme dit l'Apostre, la femme qui est vierge demourant sans mariage s'estudie comment elle plaise seulement a Dieu, non pas au monde, comme la mariée s'efforce de plaire a son mari et son mesnage gouverner (1 Co 3, 18). Si n'est chose plus convenable pour escripre a mes dictes sueurs qui par le don de Dieu ont entrepris pieça vivre sans mariage, que de les enseignier comment elles plairont a Dieu en le servant tousjours continuellement, en l'amant et honnourant. Et ne me retarde point de ce faire la simplesse de mes dittes seurs car je n'ai entencion de dire chose qu'elles ne puissent bien comprendre selonc l'entendement que j'ai esprouvé en elles.

L'objection que Gerson anticipe dans la première phrase est qu'il ne faut pas écrire sur la contemplation en français, parce que c'est un sujet difficile qui n'est pas à la portée des *gens simples sans lettre* (sans instruction). Il y répond d'abord à côté, en observant qu'il y a beaucoup d'ouvrages latins de « saints docteurs » sur ce sujet à la disposition des clercs, qui savent le latin, mais que les simples gens ne disposent de rien de tel, et qu'il écrit à l'usage de ses sœurs, qui sont dans ce cas. Mais l'objection est que les simples ne peuvent pas comprendre une question aussi difficile et qu'il est donc inutile de la leur exposer en français. À cette objection, la seule qu'il envisage vraiment, Gerson répondra dans les chapitres suivants, dont on a vu la progression, en montrant que la contemplation de Dieu, loin d'être inaccessible aux simples, leur est souvent plus accessible qu'aux savants, car la science n'est pas la sagesse et, lorsqu'elle n'est pas accompagnée de la sagesse, est un obstacle, et non une aide, pour parvenir à Dieu. Dans le premier chapitre, Gerson ne développe pas encore cette argumentation théorique, mais il juxtapose de façon concrète et significative l'énumération des auteurs d'œuvres latines sur la contemplation dans la lignée desquels il se situe et la présentation des lectrices directes auxquelles il s'adresse, ses cinq sœurs.

Il cite trois auteurs. Saint Grégoire le Grand, pape de 590 à 604, autorité inévitable, dont les *Moralia in Job* ont constitué au Moyen Âge une sorte de fondement de la théologie morale, sans être exactement ce que nous appellerions un traité de la contemplation. Saint Bernard de Clairvaux (1090-1153), dont les quatre-vingt-quatre sermons sur le Cantique des cantiques sont le modèle insurpassable d'une exégèse qui est à la fois méditation poétique et élan vers Dieu, illustration parfaite de « l'amour des lettres et du désir de Dieu », formule par laquelle Dom Jean Leclercq définissait la théologie monastique, infiniment plus sensible à la « saveur des lettres » que la pensée scolastique[1]. Richard de Saint-Victor (ca. 110-1173), enfin, dont Gerson pouvait se sentir proche, puisque le souci pédagogique du grand victorin s'est manifesté par la rédaction de l'espèce de catéchisme qu'est le *Liber exceptionum*, mais que ce sont ses traités sur la contemplation (auquel il faut ajouter son *De Trinitate*) qui ont fait sa gloire : *Benjamin minor*, *Benjamin major* et *De quatuor gradibus violentae caritatis* (*Les quatre degrés de la violente charité*). Tous trois, et surtout les deux derniers, sont des esprits intellectuellement et spirituellement exigeants. Les invoquer en préambule à un traité écrit en français parce qu'il s'adresse aux simples gens, c'est affirmer, avant même d'avoir argumenté sur ce point, que cette langue et ces destinataires n'impliquent aucun renoncement dans l'exigence

1. J. Leclercq, *L'amour des lettres et le désir de Dieu. Initiation aux auteurs monastiques du Moyen Âge*, Paris, Éd. du Cerf, 1957. *Saveur des lettres* (Paris, Plon, 1946) est le titre d'un ouvrage de mon professeur de khâgne, Victor-Henry Debidour, à la mémoire duquel je garde une fidélité indéfectible.

du propos sur la contemplation, conçue par ces auteurs moins comme une extase mystique que comme une proximité de Dieu obtenue par l'effort et l'ascèse de la méditation.

Les plus anciens textes conservés par écrit dans les langues romanes répondaient au souci d'une pastorale qui s'adresse aux simples, ou du moins aux illettrés. Cinq siècles plus tard, nous sommes avec Gerson dans une situation à la fois similaire et très différente. Similaire, puisque le recours à la langue vulgaire est toujours une réponse à l'ignorance du latin, qui est celle du public auquel on s'adresse. Très différente, parce que cette ignorance n'est plus un simple obstacle à surmonter, mais est considérée comme un atout possible dans le cheminement vers Dieu. Il ne s'agit pas d'une position anti intellectualiste : l'œuvre latine de Jean Gerson lui-même est là pour le montrer. Il ne s'agit pas non plus d'une sorte d'au-delà de l'intellectualité, ou de l'idée que l'approfondissement de la connaissance confirmerait l'impossibilité de connaître. Rien à voir avec une anticipation de la savante, profonde et difficile « docte ignorance » de Nicolas de Cues. Enfin, il faut être assez prudent avant de parler d'une parenté avec la *devotio moderna*, dont le développement lui est contemporain. Car la *devotio moderna* recherche une relation intime et non spéculative avec Dieu, opposée à la recherche intellectuelle fondée sur les sciences profanes, mais aussi à la voie mystique de la contemplation. Or ce que Gerson prend en considération, c'est spécifiquement ce qu'il nomme « contemplation », c'est-à-dire la vie contemplative opposée à la vie active. Le paradoxe qu'il soutient est que même pour mener la vie contemplative, qui est celle des religieux, la sagesse des simples, qui préserve de l'orgueil et s'abandonne à Dieu, peut être préférée à la science des clercs. Ce qu'il propose à ses sœurs, c'est une forme d'ascétisme assez éloigné de la *devotio moderna* et une vie réglée sur le modèle de la vie religieuse, mais sans la formation intellectuelle qu'exige cette dernière.

Deux cents ans plus tôt, peut-on considérer que la traduction française des *Sermones in cantica* de saint Bernard répondait à un programme analogue ? Pas réellement, car leurs premiers mots s'adressent spécifiquement à des moines. Leur traduction littérale, à la différence de celle des paraboles, montre l'utilisation par un public différent, féminin ou laïque (ou les deux), d'une œuvre écrite pour un public monastique. C'est un phénomène fréquent au XIIIe siècle. Gerson est novateur en concevant dès l'origine son ouvrage en français et en le destinant dès sa conception à des femmes qui ne sont pas des moniales, qui vivent dans le monde et dont la vie contemplative, librement choisie, suit ses règles propres, comme un tiers ordre privé. C'est ce qu'il appelle lui-même la « vie mixte », dont il propose en divers lieux de son œuvre l'esquisse d'une théorie en s'exposant au reproche d'entendre *religio* dans une acception plus large que celle d'ordre religieux ou de règle d'un ordre religieux, conformément à l'emploi habituel du mot à cette époque[1].

En cherchant à définir un public intermédiaire entre les savants et les simples et des voies intermédiaires permettant de le toucher, on élargit sans doute à l'excès la notion de simplicité. Les simples auxquels s'adressent de telles œuvres n'en sont pas, ou sont simples de façon très relative, au regard des vrais savants. Ils ne sont pas « la simple gent ». Il ne s'agit donc là ni de parler aux simples gens ni de parler des simples gens, mais d'une conscience de la simplicité dans l'art littéraire médiéval. À ce compte, dès qu'on tire ce fil, tout vient à la suite. Toute la littérature en langue vulgaire peut entrer dans cette catégorie. Voilà pourtant ce qui est intéressant. Car ce continuum fait apparaître sous un jour nouveau cette littérature en langue vulgaire que nous

1. M. VIAL, « La vie mixte selon Jean Gerson », dans *Vie active et vie contemplative au Moyen Âge et au seuil de la Renaissance*, éd. Chr. TROTTMANN, p. 385-400.

isolons trop légèrement et que nous rangeons trop facilement sous la catégorie de littérature profane, comme si la distinction entre le profane et le religieux était la même au Moyen Âge qu'aujourd'hui. Chercher, comme on l'a fait souvent par le passé, un sens second qui serait un sens sacré derrière des œuvres qui n'y songent à l'évidence pas est une erreur. Mais l'erreur vient précisément, non de l'extension du domaine du sacré, mais de l'application anachronique du distinguo moderne entre le sacré et le profane. Comme le fameux amour courtois semble bizarre quand on l'isole chez les troubadours ou dans les romans ! Comme il s'éclaire au contraire dans la continuité d'une réflexion sur l'amour dont le clivage n'est ni entre le latin et la langue vulgaire, ni entre le sacré et le profane, mais entre une forme d'expression liée au savoir et une forme d'expression dont les règles et la visée sont différentes et relèvent d'une sorte de simplicité, même si celle-ci engendre une sorte de complexité ! Guillaume de Saint-Thierry n'y invite-t-il pas quand il définit son *De natura et dignitate amoris* comme le symétrique opposé de l'*Art d'aimer* d'Ovide et quand, selon la vieille tradition augustinienne, il définit les cinq sens spirituels, instruments de l'amour, comme les symétriques des cinq « sens sensibles », de l'autre côté du miroir ? Les *Quatre degrés de la violente charité* de Richard de Saint-Victor, les *Sermons sur le Cantique des cantiques* de saint Bernard (sans parler des autres commentaires, parfois en langue vulgaire, de ce texte) n'ont-ils pas un écho dans l'exaltation inquiète de la passion amoureuse ? Bien sûr que si ! Un écho audible, explicite. Celui qui s'entend, dès les premiers troubadours, chez Marcabru, pénétré de spiritualité cistercienne. Celui qui fait se répondre, à la cour de Marie de Champagne, les romans de Chrétien de Troyes, à la morale amoureuse tourmentée, et le commentaire en vers français du psaume *Eructavit*, sans doute dû à Adam de Perseigne, qui emprunte des vers entiers à Chrétien[1]. Celui qui retentit dans la poésie spirituelle caractéristique de l'anglo-normand, par exemple *Rossignol* de Jean de Houeden ou Howden[2], comme si Bède le Vénérable était sorti de sa tombe pour animer cette poésie. Celui qui, dans le second XIIIe siècle, détermine la pesante, mais en un sens grandiose construction du *Bréviaire d'Amour* de Matfre Ermengaud[3], la profonde théologie naturelle du *Roman de la Rose*, l'élan qui unifie l'œuvre entière de Dante, le bizarre et orientalisant (comme toujours chez lui) *Livre de l'ami et de l'aimé* de Raymond Lulle[4]. Dans un monde dominé, de gré ou de force si j'ose dire, par la pensée de Dieu, l'organisation de plus en plus rigoureuse du savoir et des études, le pouvoir des jeunes universités, les enjeux pour chacun et pour tous de l'orthodoxie et de l'hérésie, ne peuvent pas ne pas peser sur la totalité de ce monde littéraire en langue vulgaire, qui n'est ni à l'intérieur ni tout à fait à l'extérieur de l'univers du savoir.

1. W. Meliga, *L'« Eructavit » antico francese secondo il ms. Paris B.N. FR. 1747*, Alexandrie, Edizioni dell'Orso, 1992.

2. *Rossignos by John of Howden*. G. Hesketh (éd), Londres, Anglo-Norman Text Society, 2006. Voir M. Zink, « *Rossignol* : un exemple de la poésie spirituelle en anglo-normand », dans *IVe journée d'études anglo-normandes. L'anglo-normand : spécificités culturelles d'une langue*. Actes du colloque international organisé par l'Académie des inscriptions et belles-lettres le 29 mai 2015, R. Martin et M. Zink (éd.), Paris, Académie des inscriptions et belles-lettres, 2016, p. 75-87.

3. Éd. P.T. Ricketts, 4 vol., 1976 – 2004. Les volumes ont paru l'un chez Brill, un autre chez Brepols et deux par les soins de l'Association internationale des Études occitanes.

4. Le *Livre de l'Ami et de l'Aimé* est inséré dans le *Livre d'Evast et de Blaquerne*. Voir précédemment, p. 156.

FAIRE PARLER LES SIMPLES

Revenons aux vrais simples. Les exemples que nous fournissent les sermons au peuple nous montrent que parler aux simples gens, c'est souvent imiter la façon dont ceux-ci sont supposés penser et s'exprimer. Parler aux simples gens, c'est les mettre en scène. C'est pourquoi il ne suffit pas de prendre en considération des textes qui, comme les sermons, s'adressent explicitement aux simples et ont pour raison d'être de le faire. Il y a une posture du simple qui définit une part non négligeable de l'art littéraire médiéval. Mais il y a aussi dans l'art littéraire médiéval une relation du simple et du subtil qui n'est pas celle qui nous est familière.

Nous savons que les langues vulgaires, et particulièrement les jeunes langues romanes, ont très tôt laissé des traces écrites, parce que les exigences de l'évangélisation et de la pastorale contraignaient les clercs, qui par définition savaient écrire, à y avoir recours. Cela explique pourquoi la littérature dans ces langues s'est adressée d'abord aux simples. Reste à comprendre pourquoi très vite elle ne s'adresse pas seulement à ces derniers, ne vise pas seulement à leur évangélisation ou à leur édification, mais, sous certaines de ses formes, celles que nous disons aujourd'hui « courtoises », prétend s'adresser spécifiquement à un milieu restreint et raffiné, celui des cours et donc exclure *la simple gent*. L'opposition n'est pas ici entre une littérature religieuse et une littérature profane. La notion même de littérature profane n'a guère de sens au Moyen Âge, à moins de donner au mot « profane » la signification qui est la sienne en anglais. Encore est-ce par référence au sacré et en voyant obscénités ou grossièretés comme des profanations. Certains genres littéraires médiévaux, dont la simplicité est le résultat d'un souci didactique et édifiant, s'adressent à l'ensemble du public non instruit, c'est-à-dire à la société presque entière, et non exclusivement à ses classes inférieures. Ils peuvent évoluer en déplaçant leur centre d'intérêt à l'égard des préoccupations proprement religieuses, sans jamais pourtant les perdre de vue. Le lien de filiation des vies de saints aux chansons de geste en est un exemple. Quant aux formes poétiques qui s'adressent explicitement à une élite intellectuelle et sociale, comme la poésie des troubadours ou le roman courtois d'aventures et d'amour, qui semblent s'affranchir de bien des interdits dans ce dernier domaine, elles sont très loin d'être indifférentes aux réflexions et aux inquiétudes d'ordre moral et spirituel.

Nous avons vu une littérature vernaculaire soucieuse de prêcher aux simples s'adresser aussi à un public demi-savant. Nous avons vu la littérature en langue vulgaire tirer dans tous les domaines ses effets de caractères associés pour nous à la simplicité. Du début à la fin du Moyen Âge, la poésie recherche fréquemment des effets de contraste entre une poésie simple, réputée celle des simples, marquée des signes de l'archaïsme et de la naïveté, et une poésie sophistiquée, marquée des signes de l'élégance et de la modernité[1]. En contrepoint à la poésie courtoise, les milieux de cour eux-mêmes favorisent, soit la résurgence de la vieille tradition des chansons de femmes, comme l'avait fait la poésie *zadjalesque* d'Al-Andalus avec les *khardjas*, soit la diffusion de chansons du type chansons de femmes, présentées comme la collecte ou la reproduction du répertoire des simples :

1. M. Zink, *Le Moyen Âge et ses chansons ou un passé en trompe-l'œil*, Paris, Éditions de Fallois, 1996.

cantigas d'amigo galiciennes et portugaises, chansons de toile françaises (supposées chantées par des femmes travaillant à leurs travaux d'aiguille), chansons de la mal mariée, chansons d'aube féminines (plaintes des amants qui doivent se séparer après une nuit d'amour). Ces chansons sont supposées faire entendre la voix des simples parce qu'elles sont de facture simple, parce qu'elles poursuivent une tradition poétique antérieure au lyrisme de cour, et enfin parce qu'il était admis que l'expression féminine de l'amour, la voix féminine qui dit ou chante l'amour se caractérisent par un aveu direct, sans fard, sans détour et sans métaphores, de l'amour et du désir. Le Moyen Âge juge la femme moins rationnelle que l'homme et dotée d'une forme d'esprit, qui n'exclut ni l'intelligence, ni la ruse, ni l'habileté, tout au contraire, mais qui favorise aussi un aveu ingénu de l'affectivité et de la sensualité. Les chansons de femmes offrent ainsi un vif contraste avec l'introspection permanente, l'analyse, la discussion avec soi-même ou avec un partenaire poétique, la sophistication de l'expression, qui caractérisent la poésie courtoise et son amplification narrative, soit dans le roman d'amour, soit dans l'exploration de l'intériorité sous la forme du récit allégorique, dont le *Roman de la Rose* sera longtemps le modèle. Le langage et le personnage du simple sont mis au service de ce contraste, qui vise à la mise en place d'un système poétique mettant en valeur les deux types poétiques par leur juxtaposition plus qu'à la dévalorisation de l'un au profit de l'autre.

Bref, rien n'est plus complexe que la place des simples dans cette littérature qui, au départ, n'utilise leur langue que pour s'adresser à eux. Tout se mêle, la façon dont elle parle aux simples, celle dont elle parle des simples, celle dont elle les fait parler. Pour parler aux simples, il faut être attentif à la façon dont ils parlent. Pour leur parler, on tend à parler comme eux ou comme on s'imagine qu'ils parlent ou comme on les entend et les comprend. Les textes parvenus jusqu'à nous qui s'adressent à eux offrent donc un reflet, soit de leur langage, de leurs expressions, de leurs raisonnements, soit de la façon dont les auteurs de ces textes se représentaient le langage et la pensée des simples. Ils créent ainsi une image et un personnage du simple, ceux que nous avons trouvés chez les prédicateurs qui s'adressent à eux, discrètement chez Maurice de Sully, lourdement dans le sermon d'Amiens : le bon sens limité et sentencieux, le ton entendu, le laconisme têtu, l'insolence faraude, les jurements et les serments prêtés à temps et à contretemps. Ces traits reparaissent dans des œuvres qui les mettent en scène sans s'adresser à eux.

Dans un cas comme dans l'autre, nous ne pouvons entendre la façon dont parlent les simples qu'à travers celle dont la littérature les fait parler. Leur voix s'est éteinte et nous ne l'entendons qu'à travers des textes, savants du seul fait qu'ils sont des textes, qui peuvent tout au plus la reproduire ou la singer. La voix de la littérature, même vernaculaire, quand elle entreprend de donner la parole aux simples, est une voix savante qui imite la leur. Le résultat est d'interprétation difficile, parce que le caractère moral du simple et le caractère social du vilain interfèrent souvent sans se confondre toujours. Mais la leçon constante qui s'en dégage est que le dialogue avec les simples est impossible, et l'est d'autant plus qu'ils ont tendance à l'éviter en se faisant une armure de leur simplicité.

DE CALOGRENANT À AUCASSIN

Tant d'exemples de cette assimilation entre simple et vilain viennent à l'esprit ! Le premier, le plus connu, vient du *Chevalier au Lion* de Chrétien de Troyes, que nous avons déjà brièvement rencontré. C'est celui du gigantesque gardien de taureaux sauvages que le chevalier errant Calogrenant trouve au fond de la forêt de Brocéliande, assis sur une souche, une massue à la main. Il le juge hideux. La description qu'en fait Chrétien réunit tous les traits physiques qu'on prête traditionnellement aux vilains et que montrent d'ailleurs certaines sculptures de têtes grotesques : grosse tête, cheveux emmêlés, front pelé, grandes oreilles velues, gros sourcils, visage camus, « yeux de chouette et nez de chat », large bouche, grandes dents jaunes, « le menton soudé à la poitrine », voûté et bossu. Ce géant sylvestre tient de l'homme sauvage, créature importante dans l'imaginaire médiéval, par trois traits. Il est d'une taille gigantesque, armé d'une massue et vêtu des peaux tout juste écorchées de deux taureaux ou de deux bœufs, ce qui le rapproche de l'animalité (l'homme sauvage, quant à lui, est nu mais velu comme une bête). Il est si étrange, si laid, si effrayant, sa capacité à se faire craindre et obéir de taureaux sauvages suppose une force et un pouvoir tellement surhumains que Calogrenant, craignant une créature diabolique, lui demande d'abord s'il est une *bonne chose*, c'est-à-dire une créature de Dieu :

…« Va, c'or me di	…« Va, dis-moi
Se tu es boine chose ou non !»	si tu es ou non une créature de Dieu ! »
E il me dist : « Je sui uns hom. »	Et il me dit : « Je suis un homme. »[1]

Le voilà rassuré : ce vilain d'apparence si peu humaine est un homme. Mais cet homme si différent de Calogrenant veut marquer sa différence avec le chevalier qui mettait en doute son humanité. Il met une ostentation insolente à prétendre ignorer les valeurs chevaleresques. Quand Calogrenant lui demande s'il connaît une aventure à tenter dans la région, il répond qu'il ne sait ce qu'est une aventure, bien qu'il sache lui en indiquer une, merveilleuse et dangereuse à souhait, celle de la fontaine enchantée :

– Or te prie et quier et demant,	– Je te prie et je te demande
Se tu ses, que tu me conseilles	de m'indiquer, si tu le peux,
Ou d'aventure ou de merveilles.	Quelque aventure ou quelque merveille.
– A che, fait il, faurras tu bien :	– Il faudra t'en passer, fait-il :
D'aventures ne sai je rien,	je ne sais rien en matière d'aventures
N'onques mais n'en oï parler.	et n'en ai jamais entendu parler.
Mais se tu voloies aller	Mais si tu voulais aller
Chi pres dusc'a une fontaine,	près d'ici, jusqu'à une fontaine,
N'en revenroies pas sans paine.	tu n'en reviendrais pas sans peine[2].

Devenu soudain disert et oubliant son laconisme bougon, il occupe plus de trente vers à la lui décrire avec une

1. V. 327-328, éd. et trad. D. HULT, Paris, Le Livre de Poche, « Lettres gothiques », 1994.
2. *Ibid.*, v. 362-370.

précision et une séduction qui montrent que Chrétien se substitue à son personnage.

Quelques décennies plus tard, le spirituel auteur d'*Aucassin et Nicolette* se souvient peut-être du *Chevalier au Lio*n quand il trace en termes proches de ceux de Chrétien (seulement plus ridicules et moins effrayants) le portrait du bouvier épouvantablement laid qu'Aucassin rencontre dans la forêt où il cherche en pleurant Nicolette, désespéré de l'avoir perdue :

> *Il avoit une grande hure plus noire q'une carbouclee, et avoit plus de planne paume entre deux ex et avoit unes grandes joes et un grandisme nés plat et unes grandes narines lees et unes grosses levres plus rouges d'une carbounee et uns grans dens gaunes et lais, et estoit cauciés d'uns housiax et d'uns sollers de buef fretes de tille dusque deseure le genol et estoit afulés d'une cape a deus envers, si estoit apoiiés sor une grande maçue.*

> Il avait une grande hure plus noire que du charbon, les yeux écartés d'une pleine largeur de main, de grosses joues, un énorme nez plat, de grandes narines béantes, de grosses lèvres plus rouges qu'une grillade, de grandes dents jaunes et vilaines ; il était chaussé de souliers de cuir de bœuf et de jambières maintenues par des lanières d'écorce de tilleul jusqu'au-dessus du genou, il était vêtu d'une cape sans envers ni endroit et il s'appuyait sur une grande massue[1].

Ne voulant révéler à ce vilain répugnant la véritable raison de ses larmes, Aucassin lui dit qu'il a perdu un lévrier blanc, le plus beau du monde. Le bouvier, qui reconnaît en lui le fils du comte de Beaucaire, se fâche tout rouge et le prend à partie de la façon la plus injurieuse. Pleurer pour un chien puant, alors que son père peut lui en acheter autant

1. *Aucassin et Nicolette*, XXIV, éd. et trad. M.-Fr. Notz-Grob, dans *Nouvelles courtoises du Moyen Âge*, Paris, Le Livre de Poche, « Lettres gothiques », 1997.

qu'il en voudra ! Tandis que lui, le bouvier, a bien sujet de se lamenter. Employé par un riche vilain, il a perdu Rouget, le meilleur de son attelage. Il le cherche en vain depuis trois jours, sans manger ni boire. S'il revient à la ville sans l'avoir trouvé, on le jettera en prison, parce qu'il ne peut pas le rembourser : tout ce qu'il possède, il l'a sur le corps. Et que deviendra sa pauvre mère, maintenant couchée sur de la paille, depuis qu'on lui a arraché de sous le dos son misérable matelas, son seul bien ? Il conclut :

Si m'en poise assez plus que de mi ; car avoirs va et vient : se je ai or perdu, je gaaignerai une autre fois et si sorrai mon buef quant je porrai, ne ja por çou n'en plouerai. Et vos plorastes por un cien de longaigne ? Mal dehait ait qui ja mais vos prisera !

J'ai plus de peine pour elle que pour moi. L'avoir va et vient. Si j'ai perdu maintenant, je gagnerai une autre fois, je paierai mon bœuf quand je pourrai. Je ne vais pas pleurer pour cela. Et vous pleuriez pour un chien de m… ? Au diable quiconque aura jamais de l'estime pour vous !

Réponse d'Aucassin :

– *Certes, tu es de bon confort, biau frere : que benois soies tu ! Et que valoit tes bués ?*
– *Sire, vint sous m'en demande on : je n'en puis mie abatre une seule maaille.*

– Certes, tu es de grand réconfort, mon frère : bénis sois-tu ! Et que valait ton bœuf ?
– Seigneur, c'est vingt sous qu'on m'en demande : je ne peux en rabattre une seule maille.

Aucassin lui donne ses vingt sous et ils se quittent bons amis.

Le gardien de taureaux de Chrétien était déjà ambigu : effrayant mais inoffensif, bougon mais serviable, prétendant ignorer les valeurs chevaleresques pour ne pas avoir à reconnaître la supériorité du chevalier, mais parfaitement informé de ce qu'il cherche. Calogrenant le trouve terrifiant et hideux, au point de soupçonner en lui une créature diabolique, mais s'en remet sans peine à sa parole, ne s'offense pas de son insolence et suit son conseil sans regimber. La scène d'*Aucassin et Nicolette* est autrement plus complexe. Le gardien de taureaux était d'une laideur étrange. Le bouvier est d'une laideur dégoûtante. Tous deux traitent leur noble interlocuteur d'égal à égal et même d'un air de supériorité. Dans la bouche du bouvier, qui est dépourvu de toute aura de mystère, les propos paraissent plus insolents. Ils le sont d'ailleurs bel et bien, et le sont d'autant plus qu'il parle en connaissance de cause au fils de son seigneur. À nous qui sommes particulièrement sensibles aux injustices sociales, ses plaintes tirent les larmes. Il est cependant bien geignard pour être si agressif. Il sait convoquer à point nommé sa vieille mère et son matelas. Il fixe le prix de son bœuf en excluant tout éventuel marchandage, comme s'il le vendait et que c'était à prendre ou à laisser. Au reste, à vingt sous, son prix paraît honnête : vers la même époque, le personnage du fabliau *Boivin de Provins* dit avoir vendu l'un de ses bœufs trente-neuf sous et l'autre dix-neuf. Mais on trouve ailleurs des bœufs à treize ou quinze sous. Aucassin, pour sa part, est d'une docilité, d'une humilité et d'une urbanité remarquables. Il remercie chaleureusement le bouvier de lui avoir fait la leçon et de l'avoir injurié. Il lui donne ses vingt sous sans barguigner. Ce comportement est en conformité avec son caractère faible, en contraste avec l'énergie et le courage de Nicolette. « Aucassin » signifie « oison ».

Cette scène à fronts renversés, où l'inférieur dicte sa loi et où le supérieur se soumet, peut renvoyer au monde inversé avec lequel l'œuvre joue constamment : au royaume de Turelure, le roi accouche pendant que la reine combat ; pour retrouver

Aucassin, Nicolette se travestit en homme et se noircit le teint avec une plante nommée *éclaire*. Mais l'auteur, amateur de réminiscences littéraires et de pastiches malicieux, met en scène, en en forçant le trait, une inversion des rôles qui est un *topos* de certaines formes poétiques de son temps. De son temps, mais du nôtre aussi, de tous les temps. Qui d'entre nous peut honnêtement prétendre n'avoir jamais été intimidé par quelqu'un qu'il juge, à tort ou à raison, son inférieur, par son statut social, sa culture, ses connaissances, son âge, ou n'importe quel autre trait ? Qui d'entre nous n'a jamais eu l'impression que son interlocuteur le traitait avec condescendance, indifférence, voire mépris, faute d'être capable de se faire une idée de nous, de notre monde, de nos valeurs ? Et qui d'entre nous, désespérant de se faire comprendre ni reconnaître, n'a jamais compensé cette gêne en en rajoutant dans l'amabilité et les prévenances, en faisant trop de frais ? C'est ce que fait de façon caricaturale Aucassin face au bouvier et même, plus discrètement, Calogrenant face au gardien de taureaux. La poésie du temps offre bien d'autres exemples de cette suffisance du paysan : il n'est pas impressionné par le chevalier, qui ne l'impressionne pas, qu'il n'admire pas et qu'il n'envie même pas, parce qu'il ne représente rien pour lui. Comme ces œuvres n'ont pas été composées par des paysans, mais par des auteurs appartenant à une classe supérieure, il faut, bien entendu, inverser le verdict : c'est à eux que le monde paysan paraît impénétrable et incompréhensible[1].

Il n'est pas même besoin de quitter *Aucassin et Nicolette* pour en trouver d'autres exemples. Plus haut dans le texte, la

1. M. Zink, « La suffisance du paysan dans la littérature française du Moyen Âge », dans *Der Bauer im Wandel der Zeit*, éd. W. Hirdt, Bonn, Bouvier Verlag, 1986, p. 35-48, repris dans *Les voix de la conscience. Parole du poète et parole de Dieu dans la littérature médiévale*, Caen – Orléans, Paradigme, 1992, p. 247-260. Le développement qui suit est en partie emprunté à cet article.

même relation s'était instaurée lors de la rencontre de Nicolette, puis d'Aucassin, avec des *bergerots*, de petits bergers. Nicolette leur demande de dire à Aucassin, s'ils le voient, qu'il y a dans la forêt une bête telle que, s'il pouvait l'attraper, « il n'en donnerait un seul membre pour cent marcs d'or, ni même pour cinq-cents, ni pour rien au monde ». Cette bête infiniment précieuse aux yeux d'Aucassin, c'est elle-même, évidemment. Mais les petits bergers, qui n'y entendent pas malice, refusent et répondent, mi méprisants, mi inquiets :

> – *Je li dirai ? fait cil qui plus fu enparlés des autres. Dehait ait qui ja en parlera, ne qui ja li dira ! C'est fantosmes que vos dites, qu'il n'a si ciere beste en cest forest, ne cerf, ne lion, ne sengler, dont un des membres vaille plus de dex deniers u de trois au plus, et vos parlés de si grant avoir ! Mal dehait qui vos en croit, ne qui ja li dira ! Vos estes fee, si n'avons cure de vo conpaignie, mais tenés vostre voie*[1].
>
> – Que je lui dise ? fait celui qui avait la langue mieux pendue que les autres. Maudit soit celui qui jamais en parlera et jamais le lui dira ! Vous fabulez : il n'y a pas dans cette forêt de bête si précieuse, cerf, lion ou sanglier, dont un des membres vaille plus de deux deniers, ou de trois au maximum, et vous parlez d'une telle fortune ! Maudit soit qui vous croit et qui jamais le lui dira ! Vous êtes une fée, nous ne nous soucions pas de votre compagnie : passez votre chemin.

Nicolette insiste, ajoute que la bête possède un pouvoir médicinal capable de guérir Aucassin de son mal, et elle les décide finalement à se charger de la commission en leur donnant cinq sous (somme énorme pour eux : on se souvient que le bœuf perdu vaut vingt sous, et que le prix en est sans doute exagéré) :

---

1. *Aucassin et Nicolette*, XVIII.

– *Par foi, fait il, les deniers prenderons nos, et s'il vient ci, nos li dirons, mais nos ne l'irons ja quere.*

– Ma foi, fait-il, nous prendrons l'argent, et s'il passe par ici, nous le lui dirons, mais nous n'irons pas le chercher.

Lorsque plus tard Aucassin survient, il entend les petits bergers chanter leur rencontre avec Nicolette. Il leur demande de répéter leur chanson, mais « celui qui avait la langue mieux pendue que les autres » refuse avec hauteur : « Maudit soit celui qui chantera cela pour vous ! » Aucassin lui proposant dix sous (un demi-bœuf !), il consent, non à chanter, car il est lié par la malédiction qu'il vient de prononcer, mais à conter le message de Nicolette, ce dont il s'acquitte parfaitement. Et il conclut : « Maintenant, chassez cette bête si vous voulez, ou laissez tomber : moi, je me suis bien acquitté de ma promesse envers elle (Nicolette)[1]. »

Est-ce par pur caprice que le berger refuse de chanter, mais veut bien raconter ? De son point de vue, oui, car il ignore qu'il est un personnage d'une œuvre littéraire, mais du point de vue de cette œuvre et de son auditeur, il obéit à une nécessité. *Aucassin et Nicolette*, que son auteur anonyme désigne comme une *chantefable*, terme non attesté ailleurs, est formé d'une succession alternée de sections en vers, précédées dans le manuscrit de la mention « Ici, on chante », et de sections en prose précédées de la mention « Ici ils parlent et content des fables ». C'est un prosimètre. Quand Aucassin les a surpris, les petits bergers rappelaient leur rencontre avec Nicolette et imaginaient tout ce qu'ils achèteraient avec tant d'argent. C'était dans une section en vers. Les petits bergers chantaient donc. Mais Aucassin surgit devant eux au début de la section suivante, qui est en prose. Ils ne peuvent donc pas chanter, même s'ils le voulaient, et ne peuvent que raconter. C'est le

1. *Aucassin et Nicolette*, XXII.

genre de petite finesse que l'auteur adore. Au reste, sa *chantefable* tout entière (il est vrai qu'elle n'est pas bien longue) est écrite sur un ton faussement, ou du moins volontairement naïf, qui cache une grande finesse.

Pour en revenir à notre propos, on voit bien que, comme le vilain qui a perdu son bœuf, le faraud de village qui se fait le porte-parole des bergers ne parle pas le même langage que les héros, qu'il ne les comprend pas ou feint de ne pas les comprendre et qu'il revendique son incompréhension avec une insolence butée. En revanche, il sait très bien leur soutirer de l'argent et l'accepter comme s'il leur faisait une grâce. L'argent est le succédané de la communication.

LA PASTOURELLE ET LA LEÇON DE MARCABRU

Il en est un autre : le sexe. C'est lui qui est en jeu dans la pastourelle, genre lyrique, narratif et dramatique, qui a connu un immense succès, particulièrement en langue d'oïl. Nous en connaissons plusieurs centaines. Chevauchant à travers la campagne, le poète rencontre une bergère et lui fait les propositions qu'on imagine. Suit leur dialogue. L'issue varie. Parfois la bergère se dérobe et se moque. Parfois elle n'offre qu'une faible résistance. Parfois les bergers viennent à son secours et mettent le séducteur en fuite. Parfois, mais rarement, il se vante d'avoir pris de force ce qui lui était refusé. Une fois au moins, la bergère s'en dit satisfaite. Elle avait d'abord protesté : « La porte est fermée, Robin a la clé de la serrure. » Plus tard, elle constate : « La contre-clé (c'est-à-dire le passe-partout) vaut mieux que la clé : mon ami, revenez souvent dans les prés. ». Une variante du genre montre le poète débarquant dans une fête de bergers. Il se mêle à leurs danses, généralement pour en être bientôt chassé sans ménagements car il s'est montré trop entreprenant avec les bergères. Les bergerots d'*Aucassin et Nicolette* sont devenus grands.

Généralement, le chevalier s'adresse à la bergère en termes choisis et flatteurs, comme il parlerait à une grande dame. C'est pour la séduire mais c'est aussi pour s'en moquer. Il est rare qu'elle en soit dupe. Mais elle est parfois sensible à ses cadeaux, qui sont soit des promesses, soit des babioles. Souvent, il est pris à son propre piège. La bergère ne se laisse pas prendre à son beau langage. Son mode de défense est de feindre de n'y rien comprendre. Elle lui rive son clou avec son bon sens rustique. C'est le cas, au début du XIIe siècle, dans la plus ancienne pastourelle connue, celle, en langue d'oc, du troubadour Marcabru ou, cent-cinquante ans plus tard, dans le *Jeu de Robin et Marion* du trouvère arrageois Adam de la Halle. Et le séducteur houspillé par les bergers a beau le prendre de haut (« Je ne me souciais guère de ces gens-là », dit le comte Thibaut IV de Champagne, roi de Navarre), il est contraint de battre en retraite et ne fait pas bonne figure. La pastourelle donne à rire de tous ses personnages, certes de la bergère et des bergers, mais aussi du poète lui-même, de sa fatuité et de son illusoire sentiment de supériorité. C'est le pur jeu des contrastes qui lui donne son sel. Contraste qui oppose la simplicité de la bergère et la rusticité des bergers aux manières et au langage du poète séducteur. Contraste ou dévalorisation pure et simple du personnage simple ? On observe que c'est sous le nom de *Contrasto* qu'est connu un très célèbre poème en dialecte sicilien du poète Cielo d'Alcamo, *Rosa fresca aulentissima* (« Fraîche rose très parfumée »). Or, les données y sont inversées. C'est le soupirant qui est d'origine modeste. Il n'en finit pas moins par triompher, non sans peine. Mais le « contraste » est bien présent.

On dira que les pastourelles en langue d'oïl regardent malgré tout de haut bergères et bergers. Le poète séducteur abuse de la simplicité de la bergère. Il se moque d'elle en la flattant et en l'étourdissant de belles paroles pour parvenir à ses fins. Il se réjouit d'obtenir ses faveurs contre un colifichet grossier. Il se moque des danses rustiques des bergers. Lorsque ceux-ci s'offensent de ses avances indiscrètes à la bergère, il prend le large, parce qu'il ne va pas se commettre jusqu'à se battre avec ces rustres. Mais nous avons vu que bergère et bergers savent faire une arme de leur simplicité et du mur d'incompréhension réelle ou feinte qu'ils opposent à leur interlocuteur. Celui-ci est ridiculisé autant qu'eux, parfois plus. On voit les poèmes les plus grossièrement insultants pour la paysanne changer soudain de registre de façon que chacun en prenne pour son grade. Par exemple dans cette « porchère » anonyme de langue d'oc, dont le début n'est guère encourageant :

I. Mentre per una ribiera	**I.** Tandis que le long d'une rivière
Sols anava deportan,	j'allais seul à mon plaisir,
Vi de luenh gaya porquiera,	je vis de loin une joyeuse porchère
Un tropel de porcz gardan ;	gardant un troupeau de porcs ;
Sopdamen per una rega	aussitôt, en suivant un sentier
Aniey vas liey d'un garatg.	à travers un guéret j'allai vers elle.
Et hac son cors fer e lag,	Son corps était sans grâce, sale,
Escur e negre cum pegua.	sombre et noir comme de la poix.
Grossa fu coma tonela,	Elle était grosse comme une barrique
Et hac cascuna mamela	et elle avait chaque mamelle
Tan gran que semblet Engleza :	si pendante qu'on eût dit une Anglaise.
Yeu, que la vi malsabeza,	Moi, de la voir si peu appétissante,
Cazec mi tota la brassa.	les bras m'en tombèrent.
II. Ela'stec coma fadassa,	**II.** Elle restait là comme une niaise,
E yeu disshi'l : « Na Corteza,	et je lui dis : « Dame Courtoise,
Bel ares e gent apreza,	belle créature bien apprise,
Digatz me si n'etz piucela. »	dites-moi si vous êtes pucelle. »
En est mieg, jos sa gonela,	Pendant ce temps, sous sa robe,
Se grata fortmen e brega	elle gratte et frotte énergiquement
Lo sieu corcegas mal fag :	son gros corps mal fait :
Si'l pans no fo'l del gannag,	sans le pan de sa tunique,
Paregra'l tota la plega.	on lui aurait vu toute la fente.
E respondet entertan	Et elle me répondit ce faisant
Am boaral votz grociera :	d'une voix grossière et beuglante :
« Hom, per que'm vas enujan ?	« Homme, que viens-tu m'ennuyer ?
Sec, de par Dieu, ta cariera ! »	Passe ton chemin, de par Dieu ! »[1]

1. *La pastourelle dans la poésie occitane du Moyen-Âge. Textes publiés et traduits avec une introduction, des notes et un glossaire par* J. AUDIAU, Paris, de Boccard, 1923, p. 128-129. Notre traduction.

Mais la suite de la chanson utilise, sans grand souci de cohérence avec cette entrée en matière (et sans grande clarté non plus, car certains passages sont obscurs), tout le registre de la confrontation entre le poète et la bergère, de sorte qu'on voit la porchère s'humaniser jusqu'à manifester une certaine dignité dans ses réponses au poète, à ce détail près que l'instant suivant elle se donne à lui sous un hêtre et qu'ensuite, en partant avec son jupon déchiré, elle s'étale dans le ruisseau. Elle manifeste même une certaine sentimentalité dans l'évocation de ses amours rustiques et des divertissements pastoraux, caractéristiques d'un certain type de pastourelles proches de la pastorale.

On trouve là, réunies dans une même chanson où elles se succèdent, certes maladroitement, les situations typiques des pastourelles. C'est ce que fait aussi Adam de la Halle (mais avec combien plus d'habileté !) quand, dans le *Jeu de Robin et de Marion*, il nourrit son théâtre chanté des divers éléments des pastourelles. Il montre d'abord la niaiserie, feinte ou réelle, mais évidemment feinte, avec laquelle Marion répond au chevalier, qui cherche à entrer en conversation. Comme il chasse à l'oiseau, il lui demande si elle a vu « une ane », une cane (sauvage). Un âne ? répond-elle. Mais oui, j'en ai vu trois, chargés de blé, qui allaient au moulin. Il lui demande alors si elle a vu un héron. Un hareng ? Je n'en ai plus mangé depuis le carême. Etc. Quand, désespérant d'en rien tirer, il passe à des avances plus directes, elle le repousse et dit en termes ingénus, mais fermes, son amour pour Robin. Plus tard, débarrassée de lui, on la voit pique-niquer, jouer, chanter et danser sur l'herbe avec Robin et les autres bergers. Ils sont naïfs, parfois comiques, mais touchants. En cette fin du XIIIe siècle, la pastourelle devient pastorale.

Mais on aurait tort de voir là une évolution qui conduit tout droit aux bergers de *L'Astrée*, au Hameau de Marie-Antoinette ou au retour à la nature selon Jean-Jacques Rousseau. C'est si peu une évolution que la plus ancienne pastourelle conservée (mais son contenu laisse supposer qu'elle prend le contrepied d'un genre qui existe déjà) montre avec une verve et une causticité inégalées le talent de la bergère pour se débarrasser du séducteur importun et lui clore le bec en jouant de son esprit supposé borné et de son langage simple, direct, ignorant de la métaphore, et en opposant de la sorte une barrière impénétrable aux propos sophistiqués et biaisés qu'elle peut feindre ainsi de ne pas comprendre. Cette pastourelle, en langue d'oc, remonte au premier tiers du XIIe siècle. Elle est du grand troubadour Marcabru, dont elle reflète l'esprit paradoxal, caustique, mordant et moralisateur, ou plutôt manifestant avec une passion violente son exigence morale et spirituelle. La bergère y rive son clou à son fat de séducteur et repousse sans prendre de gants ses avances sucrées et brutales, ses compliments flatteurs et méprisants (on dirait, plus de cinq siècles avant Molière, les propos que tient Dom Juan à Charlotte « D'où me vient, la belle, une rencontre si agréable ? Quoi ? Dans ces lieux champêtres, parmi ces arbres et ces rochers, on trouve des personnes faites comme vous êtes. »). Elle revendique son statut de vilaine, fille de vilaine. Elle fait de la simplicité de sa naissance, de sa vie, de ses mœurs, de son langage un rempart contre les intentions et les propositions déshonnêtes.

La versification elle-même affiche une extrême simplicité qui dissimule une réelle subtilité. Un seul mètre, et le plus simple, l'octosyllabe. Il n'y a que deux rimes par strophe, et ces strophes sont disposées en *coblas doblas* (strophes doubles), ce qui signifie que deux strophes successives utilisent les mêmes rimes, les deux suivantes de même, etc.

D'un bout à l'autre de la chanson, les consonances en *a* dominent à la rime. Le mot *vilana* (paysanne) revient à la fin du quatrième vers de chaque strophe et rime avec le septième et dernier vers. Mais cette répétition en refrain interne est aussi un raffinement et met l'accent sur le mot et la notion essentiels, qui sont comme la clé du poème. De même, la sonorité *a* indéfiniment répétée donne l'illusion de la pauvreté, alors même que la disposition des rimes est subtile et suppose une certaine virtuosité, ne serait-ce que pour utiliser dix fois d'affilée la même rime, dans cinq vers par strophe sur deux strophes, tout en plaçant le mot *vilana* à la même place dans chacune. Enfin, la mélodie allègre, d'apparence elle aussi simple et répétitive, est finement modulée, passés les quatre premiers vers. En un mot, versification et mélodie prennent le parti du langage simple de la bergère contre le langage sophistiqué du séducteur. Rien d'étonnant à ce que la leçon de la chanson soit donnée par les propos de la première, non par ceux du second. C'est pourtant lui le narrateur (« L'autre jour près d'une haie / J'ai trouvé une humble bergère... »). C'est lui que l'auditeur ou le lecteur identifie à ce titre au poète. Ce séducteur dit « je » pour recevoir une leçon, non pour imposer ses désirs.

La pastourelle de Marcabru suit la loi du genre. Elle ne s'en éloigne même pas en montrant le poète séducteur déconfit et ridiculisé, puisque c'est une situation que l'on retrouve assez souvent. Mais elle se distingue des autres en ce que la voix qui s'impose comme celle du poème n'est pas la voix du poète qui raconte son aventure, mais la voix de la bergère. Cette sorte de paradoxe poétique (« je » n'est pas celui qu'on croit) est caractéristique de Marcabru. Au-dessus de la voix poétique dite à tort « courtoise », qui fait miroiter les basses séductions du désir et de la chair, il fait entendre une autre voix, qui célèbre un amour plus haut, l'amour même auquel Dieu invite. Sur un mode mineur, sur un ton humoristique, sans la violence injurieuse qui lui est familière, ou en la mettant dans la bouche d'un personnage inattendu, la pastourelle de Marcabru procède de la même façon et donne la même leçon. Elle le fait par le personnage d'une simple, qui pense, parle et chante comme une simple. Écoutons-la[1].

1. La transcription de la mélodie est due à I. FERNÁNDEZ DE LA CUESTA, *Las Cançons dels Trobadors*, Institut d'estudis occitans, Tolosa, 1979, p. 65.

I	I
L'autrier jost'una sebissa	L'autre jour près d'une haie
Trobei pastora mestissa,	J'ai trouvé une humble bergère,
De joi e de sen massissa,	Toute bonne humeur et bon sens
Si cum filla de vilana.	Comme l'est une fille de vilaine.
Cap' e gonel'e pelissa	Elle portait cape, casaque et pelisse,
Vest e camiza treslissa,	Une chemise grossière,
Sotlars e caussas de lana.	Des souliers et des bas de laine.
II	II
Ves lieis vinc per la planissa :	J'allai vers elle par la plaine :
« Toza, fi·m ieu, res faitissa,	« Jeune fille, dis-je, charmante créature,
Dol ai car lo freitz vos fissa. »	Je souffre de vous voir transie de froid. »
« Seigner, so·m dis la vilana,	« Monsieur, me répondit la vilaine,
Merce Dieu e ma noirissa,	Grâce à Dieu et à ma nourrice,
Pauc m'o pretz si·l vens m'erissa,	Peu me chaut que le vent me hérisse
Qu'alegreta sui e sana. »	Car je suis allègre et en bonne santé. »
III	III
« Toza, fi·m ieu, cauza pia,	« Jeune fille, lui dis-je, douce créature,
Destors me sui de la via	Je me suis détourné de mon chemin
Per far a vos compaignia ;	Pour vous tenir compagnie
Quar aitals toza vilana	Car une jeune vilaine telle que vous
No deu ses pareill paria	Ne devrait pas, sans compagnie,
Pastorgar tanta bestia	Faire paître autant de bêtes
En aital terra, soldana. »	Dans un endroit pareil, toute seule. »
IV	IV
« Don, fetz ela, qui que·m sia,	« Mon prince, répondit-elle, quoi qu'il en soit,
Ben conosc sen e folia.	Je distingue très bien ce qui est sage de ce qui est stupide.
La vostra pareillaria,	Que votre compagnie,
Seigner, so·m dis la vilana,	Monsieur, me dit la vilaine,

Lai on se tang si s'estia,
Que tals la cuid'en bailia
Tener, no·n a mas l'ufana. »

Soit proposée à bon escient,
Car tel croit tenir sa proie,
Qui, tout faraud, n'en a que l'ombre. »

V

« *Toza de gentil afaire,*
Cavaliers fon vostre paire
Que·us engenret en la maire,
Car fon corteza vilana.
Con plus vos gart, m'etz belaire,
E per vostre joi m'esclaire,
Si·m fossetz un pauc humana ! »

V

« Jeune fille de noble naissance,
Votre père était un chevalier
Il vous a eue de votre mère,
Qui était une courtoise vilaine.
Plus je vous regarde, plus vous semblez belle,
Et mon amour pour vous m'illumine de joie,
Si vous vouliez bien me témoigner un peu d'humanité. »

VI

« *Don, tot mon ling e mon aire*
Vei revertir e retraire
Al vezoig et a l'araire,
Seigner, so·m dis la vilana ;
Mas tals se fai cavalgaire
C'atrestal deuria faire
Los seis jorns de la setmana. »

VI

« Mon prince, tout mon lignage et toute ma famille,
Je les vois aller et venir
De la faucille à la charrue,
Mais, Monsieur, me dit la vilaine,
Tel se prétend chevalier
Qui devrait faire la même chose
Les six jours ouvrables de la semaine. »

VII

« Toza, fi·m ieu, gentils fada,
Vos adastret, quan fos nada,
D'una beutat esmerada
Sobre tot'autra vilana ;
E seria.us ben doblada,
Si·m vezi'una vegada,
Sobira e vos sotrana. »

VII

« Jeune fille, dis-je, noble fée,
Vous fûtes dotée à votre naissance
D'une beauté sans tache,
Au-dessus de toute autre vilaine ;
Et vous en auriez deux fois plus
Si je pouvais vous voir une fois,
Moi dessus et vous dessous. »

VIII

« *Seigner, tan m'avetz lauzada,*
Que tota·n sui enojada ;
Pois en pretz m'avetz levada,

VIII

« Monsieur, vous avez fait de moi un tel éloge
Que j'en suis toute gênée.
Puisque vous m'avez manifesté tant d'estime,

Seigner, so·m dis la vilana,	Monsieur, me dit la vilaine,
Per so n'auretz per soudada	Vous aurez votre récompense
Al partir : bada, fols, bada	En partant : tire la langue, pauvre idiot, tire la langue,
E la muz a meliana. »	Fais de beaux rêves en plein jour. »
IX	IX
« Toz'estraing cor e salvatge	« Jeune fille, un cœur rebelle et sauvage
Adomesg'om per uzatge.	On le dompte par l'usage.
Ben conosc al trespassatge	Je vois bien en passant par ici
Qu'ab aital toza vilana	Que dans une jeune vilaine comme vous
Pot hom far ric compaignatge	Un homme peut trouver une noble compagne
Ab amistat de coratge,	Avec entre eux une profonde affection,
Si l'us l'autre non engana. »	Si l'un ne trompe pas l'autre. »
X	X
« Don, hom coitatz de follatge	« Mon prince, un homme en proie à la folie
Jur' e pliu e promet gatge :	Jure, s'engage et promet des garanties :
Si·m fariatz homenatge,	C'est ainsi que vous me rendriez hommage,
Seigner, so·m dis la vilana ;	Monsieur, me dit la vilaine,
Mas ieu, per un pauc d'intratge,	Mais moi, au prix d'un pauvre droit d'entrée,
Non vuoil ges mon piucellatge	Je ne veux pas échanger ma virginité
Camjar per nom de putana. »	Contre le nom de putain. »
XI	XI
« Toza, tota creatura	« Jeune fille, toute créature
Revertis a sa natura :	Ne peut que suivre sa nature.
Pareillar pareilladura	Nous apparier, vous et moi,
Devem, ieu e vos, vilana,	Voilà ce que nous devons faire, vilaine,
A l'abric lonc la pastura,	À l'abri le long de la pâture,
Car plus n'estaretz segura	Car vous y serez plus en sécurité
Per far la cauza doussana. »	Pour faire la douce chose. »

XII	XII
« Don, oc ; mas segon dreitura	« Oui, mon prince, mais selon le droit naturel,
Cerca fols sa follatura,	Le pauvre fou cherche sa folie,
Cortes cortez'aventura	L'homme courtois une aventure courtoise
E·il vilans ab la vilana ;	Et le vilain la vilaine.
En tal loc fai sens fraitura	Dans une telle circonstance, la raison est blessée
On hom non garda mezura,	Là où on n'observe pas la mesure :
So ditz la gens anciana. »	C'est ce que disent les anciens. »
XIII	XIII
« Toza, de vostra figura	« Jeune fille, je n'ai jamais vu
Non vi autra plus tafura	Visage plus trompeur que le vôtre
Ni de son cor plus trefana. »	Ni cœur plus malhonnête. »
XIV	XIV
« Don, lo cavecs vos ahura,	« Mon prince, la chouette vous avertit
Que tals bad'en la peintura	Que tel tire la langue devant une simple peinture
Qu'autre n'espera la mana. »[1]	Pendant qu'un autre attend de toucher sa récompense. »

Le poème est long. Marcabru y est beaucoup moins obscur qu'il ne l'est ailleurs, mais bien des vers appelleraient des commentaire si longs que leur accumulation serait insupportable. Quelques remarques générales cependant. La chanson est tout entière dans ce ton du contraste qui deviendra celui-là même des pastourelles. Aux attentions mielleuses du chevalier séducteur comme à la brutalité insolente de ses propositions, la bergère oppose son bon sens rustique. Elle dément une par une les suppositions de fragilité et de délicatesse que fait le séducteur à son sujet, puis, dans la quatrième

1. S. Gaunt, R. Harvey et L. Paterson, *Marcabru. A Critical Edition*, Cambridge, D.S. Brewer, 2000, XXX, p. 375-387. Notre traduction a trouvé une aide précieuse dans la traduction anglaise qui accompagne l'édition.

strophe, elle donne la vraie raison de sa méfiance, sans encore la fonder en théorie comme elle le fera plus loin : contrairement à ce que prétend son interlocuteur, la « compagnie » qu'il lui offre n'est pas une protection. Elle aurait tort de compter dessus, alors qu'il ne songe qu'à la séduire.

Mais Marcabru va au-delà de ce contraste et de cet argument. Il prête à la bergère une pensée qui est fondamentalement la sienne et qui court à travers toute son œuvre. La récurrence du mot *vilana* prend alors tout son sens. Le chevalier est stupidement grossier et méprisant en jugeant impossible qu'une vilaine puisse avoir les qualités qui sont bel et bien celles de la bergère. Il l'est en feignant de croire qu'une jeune fille aussi jolie et aussi fine ne peut être que de noble naissance et en lui supposant un père chevalier (et donc une mère qui s'est mal conduite). Il s'attire ainsi une rebuffade supplémentaire, sous la forme d'une revendication par la bergère de son origine modeste. Et la jeune fille va plus loin : les qualités qui sont les siennes sont des qualités qui tiennent à son état même de vilaine. C'est ce que suggère d'ailleurs, dès la première strophe, au v. 4, la leçon *si cum filla de vilana*, retenue par l'édition Gaunt, « pleine de joie et de bon sens comme une fille de vilaine », alors que d'autres manuscrits suggèrent une concession : *e fo filla de vilana*, « et (pourtant) elle était fille de vilaine ». Cette variante est, comme par hasard, celle des deux manuscrits qui n'ont pas été copiés en Italie et qui partagent peut-être, à leur époque tardive, l'esprit des pastourelles françaises, infiniment plus nombreuses.

Mais, poursuit la bergère, il en est qui se prétendent chevaliers et qui sont pourtant des vilains, qui devraient manier la faucille et l'araire. Ceux qui n'ont pas les qualités qui conviennent à leur état perdent sur tous les tableaux : ils n'ont ni les qualités des vilains, qu'ils sont en réalité, ni celles des chevaliers qu'ils prétendent être. Cette idée, qu'il place ici dans la bouche de la bergère, est pour Marcabru une sorte d'obsession qui revient souvent dans ses poèmes et trouve dans certains une expression extrêmement violente, injurieuse, parfois même obscène dans la dénonciation de la bâtardise : les grandes dames couchent avec leurs valets et la race dégénère. Interprétée en termes de pureté du sang (comme le fera Nerval dans *Nobles et valets*, petit poème, d'ailleurs médiocre), cette idée nous est devenue étrangère, sinon choquante. Mais il faut comprendre la pensée que Marcabru exprime dans ces termes, auxquels correspond l'évocation par la bergère de couples appariés, mais aussi du cauchemar d'accouplements dénués de sens, car, dit-elle, il ne peut y avoir de sagesse là où manque la mesure. L'appétit sexuel désordonné, bestial, sans amour, qu'il appelle, par opposition à l'amour (*amor*), l'*amar* (infinitif substantivé du verbe aimer), entraîne un désordre qui est moins un désordre social qu'un désordre personnel et moral. La sexualité réduite à elle-même, non seulement est incompatible avec l'amour, mais encore étouffe les qualités naturelles, que l'amour au contraire favorise. Le séducteur désire la bergère, et rien d'autre : il lui ment pour parvenir à ses fins, il perd les qualités d'élégance et de droiture qui sont celles du chevalier, sans avoir non plus l'honnête franchise, le bon sens naturel, la vision simple et mesurée des choses qui sont les qualités des vilains. Il n'est, lui dit-elle pour finir, qu'un fou qui cherche sa folie, c'est-à-dire la satisfaction de son désir stupide (fou a le sens d'idiot). Il n'est rien, ni un homme courtois cherchant une aventure courtoise, et non dégradante, ni un vilain cherchant une femme de sa condition.

La pastourelle de Marcabru fait donc entendre la voix des simples à la fois en la tenant à distance et en la faisant sienne. Elle la tient à distance, puisque cette voix n'est pas celle du « je » qui s'attribue le poème. Ni l'auteur impliqué (ce « je ») ni le poète lui-même ne sont des simples, ni ne feignent de l'être, ni n'affectent d'imiter, de pasticher ou d'emprunter le langage des simples, comme le fait de façon méprisante l'auteur anonyme de la « porchère » et comme le font, certes pour la bonne cause, mais avec condescendance, les sermons au peuple. Marcabru refuse les effets faciles de ce procédé, mais il fait mieux pour sa bergère et mieux pour les simples. Il leur prête sa voix de façon qu'avec sa bergère comme porte-parole ils puissent dire leur pensée sans que celle-ci soit brouillée ou dévaluée par une façon de s'exprimer, par des tournures de langage, par des inflexions ou une prononciation socialement marquées. Cette pensée est en réalité la sienne, mais il lui donne une force supplémentaire en l'exprimant par la voix d'une simple, en lui donnant la forme simple de la pensée des simples, celle d'une sagesse qui s'exprime de façon gnomique, d'un bon sens juste et court, d'une logique élémentaire mais imparable, d'une répugnance à l'abstraction, de la méfiance des beaux discours, de l'enracinement dans le concret. Il met ainsi en valeur le personnage du simple et sa pensée. Il les prend au sérieux. Et il signale que, si la voix qu'il fait entendre n'est pas la voix de la bergère, qui telle quelle ne serait pas écoutée, ce n'est pas non plus sa propre voix. Ce que la bergère a à dire, il le dit pour elle, car elle exprime ce qu'il approuve et à quoi il s'identifie.

Pour comprendre le sens et l'effet de ce procédé, je me permets une comparaison bien éloignée dans l'espace et dans le temps. Lorsque des écrivains du sud des États-Unis, Mark Twain ou Faulkner par exemple, font parler des noirs, ils transcrivent phonétiquement leur prononciation d'une façon telle que la lecture de ces passages exige une certaine accoutumance et, dans le cas de Faulkner, est parfois difficile. La distance qui sépare le monde des blancs, auquel l'auteur appartient, même s'il prend ses distances avec lui, de celui des noirs est ainsi marquée dans le langage de la façon la plus forte possible, mais aussi la plus extérieure. Il est presque impossible au lecteur, qui doit faire un effort pour comprendre ce que disent les noirs, de ne pas s'identifier au monde des blancs, de ne pas sentir son appartenance à ce monde. Carson McCullers, à l'inverse, ne cherche pas à reproduire la prononciation des noirs. Elle transcrit leurs propos dans l'orthographe et la graphie de l'américain standard. En revanche, elle reproduit leurs fautes de grammaire. Ce parti moins radical produit un effet infiniment plus saisissant. Car le lecteur perçoit les noirs comme des personnes semblables aux blancs, mais stigmatisés par une langue agrammaticale. Et il fond de sympathie et de compassion. L'auteur manifeste qu'elle n'appartient pas au monde des noirs, qu'elle est de l'autre monde, que sa propre voix est celle des blancs, mais que, dans le cadre de son récit, c'est la voix des noirs qui dit sa pensée.

La méthode de Marcabru est celle de Carson McCullers. Il prête sa voix à la simple bergère pour lui emprunter sa pensée. Marcabru est, nous le voyons, un poète qui ne s'identifie pas nécessairement à la voix supposée être celle du poète, la voix du « je » de la chanson, que le lecteur ou l'auditeur rapporte naturellement au poète. Si l'on relisait dans cette perspective son œuvre abondante et souvent obscure, peut-être trouverait-on là une solution à certaines difficultés. Pourquoi cette distance prise à l'égard de la voix du poète ? Pourquoi s'approprier la voix du (de la) simple ? Pourquoi parler par cette voix contre lui-même ? Parce que Marcabru est ce « Marchebrun » qui marche, qui cherche son chemin dans l'obscurité, dans le sombre, dans le « brun » du crépuscule ou le « brun » de l'automne (« brun », « brunir » sont le vocabulaire habituel de la langue d'oc pour dire l'assombrissement du temps automnal : *Quan vei lo tems brunezir*, « Quand je vois le temps brunir » est fréquent chez les troubadours et un incipit de chanson). Parce que Marcabru se méfie du poète qu'il est. Il cherche la voie et la voix de l'amour divin dans l'appel de la passion amoureuse, faite de désir et d'élan charnel. Il cherche une morale de l'éros. Tâche difficile, et particulièrement pour un esprit du début du XIIe siècle : d'où son ton violent, ses invectives, la crudité obscène de ses propos de moraliste, les obscurités nées de ses contradictions. Mais la simplicité de la pastourelle offre d'elle-même une solution simple et déroutante. La voix qui refuse la bassesse d'un amour uniquement charnel est celle de la simple bergère, car Dieu parle à la simplicité du cœur et par la voix des simples. Le poète approuve cette voix. Mais il est le poète, c'est lui l'auteur du poème, celui qui connaît les règles du poème qu'on appelle pastourelle et qui s'y soumet, celui qui sait que les chansons des poètes célèbrent cet amour qu'il condamne. Il laisse donc parler ce poète, qui dit « je » et qui n'est pourtant pas lui, ou qui est ce « je » qu'il ne voudrait surtout pas être. Et de toutes ses forces, il prête sa voix à la simple bergère et demande qu'on l'écoute, elle, plutôt que lui. Il utilise à front renversé les possibilités qu'offre le poème dialogué qu'est une pastourelle, non pour faire entendre la voix des simples, mais pour se faire entendre par la voix des simples, qui est celle de la vérité.

Restons-en là, presque à la source de notre poésie, en compagnie d'un des poètes les plus déconcertants et les plus saisissants de toute son histoire.

UN COUP D'ŒIL AILLEURS

Quelques textes légués par le Moyen Âge et feuilletés sans grand esprit de système suffisent à faire apparaître combien la langue des simples et la langue prêtée aux simples ont été sollicitées pour donner forme à notre littérature. S'adresser aux simples dans leur langue naissante, il le fallait bien. Il fallait bien apprendre à parler comme eux, et c'est même devenu un jeu littéraire. On les a fait parler pour l'effet de contraste entre leur langage et celui des personnes éduquées, celles qui composaient de la poésie et celles qui la goûtaient. On l'a souvent fait avec condescendance ou pour se moquer, mais pas toujours, car la simplicité était marquée de trop de signes différents, positifs, négatifs et surtout ambigus. On n'oubliait jamais complètement que le Christ s'était d'abord adressé aux simples et qu'ils entreraient les premiers dans le Royaume de Dieu.

Mais on n'a pas toujours les yeux levés vers le Ciel. Le dialogue avec les simples, tel que le reproduit un poète qui appartient nécessairement, d'une façon ou d'une autre, à la classe supérieure, laisse souvent percevoir une timidité réciproque. Elle prend volontiers chez le simple, tel qu'il est perçu, la forme d'une suffisance agressive qui ne veut rien savoir de ce qu'elle ignore et se veut satisfaite d'elle-même. Face à elle, l'interlocuteur reste démuni dès lors que son autorité ou son pouvoir se heurtent à un mur d'incompréhension ou d'indifférence. Bien sûr, on rit alors volontiers du simple, mais souvent aussi on renvoie tout le monde dos à dos. Tout l'art de l'auteur est de faire sentir que les propos prêtés aux simples révèlent sur eux plus qu'ils ne disent et plus qu'ils ne comprennent eux-mêmes, mais qu'ils comprennent aussi plus qu'ils ne laissent paraître. Cet art est un procédé essentiel de la littérature. Il est de tous les temps. En voici, si l'on me permet pour finir cet excursus, deux exemples étrangers au Moyen Âge.

Poussé à l'extrême, ce procédé est la marque du génie de Faulkner dans *Le bruit et la fureur*. Dans le premier chapitre, le point de vue est celui du simple, de l'idiot, dont le lecteur n'aura une image objective qu'en le voyant entrer dans une pièce, dans les dernières lignes du roman, pour découvrir alors que c'est un adulte, et non l'enfant qu'il donne l'impression d'être. Faut-il dire l'impression ? Sa vérité est, non dans son apparence d'adulte, mais dans ses propos d'enfant, dans son comportement enfantin, dans sa vision du monde, hachée et impossible à unifier sous un sens, dans sa confusion entre le caddy des golfeurs et le nom de sa sœur. Le roman, histoire racontée par un idiot, illustre à la lettre les célèbres vers de *Macbeth* auxquels il emprunte son titre :

> C'est une histoire
> racontée par un idiot, pleine de bruit et de fureur,
> qui n'a aucun sens.

Peut-être est-il excessif et grandiloquent de recourir à un exemple aussi extrême. Rien de plus fréquent que les œuvres qui font parler le simple de manière à faire entendre, à travers sa simplicité, la complexité, qu'il ne saisit que partiellement lui-même. C'est le cas partout où le narrateur est un enfant, comme dans *Sans famille*, et partout où le point de vue est celui d'un enfant, comme dans *Mon petit Trott* d'André Lichtenberger, ou dans certaines nouvelles de Tchekhov (je cite au hasard les premiers titres qui me viennent à l'esprit). Le lecteur s'attribue le mérite de comprendre ce que l'enfant dit, révèle, trahit sans le comprendre lui-même.

C'est le procédé que, dans le prologue du *Maître de Ballantrae*, l'écrivain de profession qui se met lui-même en scène, privilégie contre l'avis de son ami le notaire. Ce procédé, qui fonde le roman tout entier, son auteur, Robert Louis Stevenson, le dévoile et l'analyse ainsi par la bouche de son double fictif du prologue. Le notaire, déconcerté d'avoir trouvé un récit là où il espérait mettre la main sur un dossier juridique, considère que cette expression littéraire n'est pas de son ressort et l'abandonne à l'écrivain, mais pour une mauvaise raison. Ignorant l'art d'écrire, il croit qu'il se confond avec le beau style. Le récit qui le déconcerte est celui du majordome des Durrisdeers, Ephraim MacKellar :

> « Voilà, dit M. Thomson, un roman tout prêt pour vous : tout ce que vous avez à faire est de travailler le cadre, développer les personnages et améliorer le style. »
> « Mon cher, dis-je, ce sont justement les trois choses que je mourrais plutôt que de faire. Ce sera publié tel quel. »

Et après ce prologue écrit dans un style alerte, le premier chapitre s'ouvre effectivement dans le style embarrassé, gauche et sentencieux qui est supposé être celui de Ephraim MacKellar. Bien sûr, ce style s'assouplit assez vite et la fiction de l'écrivain amateur et maladroit s'estompe, mais le point de vue, la personnalité et le ton du vieux et fidèle serviteur subsistent. C'est à travers la simplicité de ce ton et la partialité de ce regard que le lecteur reconstitue la vérité complexe des personnages et de leurs relations[1].

1. Les observations sur le parler des noirs dans le roman américain, sur *Le bruit et la fureur* de Faulkner et ici sur le prologue du *Maître de*

Si j'ai associé dans ce petit livre l'art de parler aux simples et l'art de faire parler les simples, c'est que l'art littéraire choisit de parler aux simples en parlant comme eux. C'est aussi, et c'est même surtout, parce qu'il est presque impossible de saisir la « poétique des simples » à l'état pur. Nous ne saisissons jamais que son imitation. Derrière chaque Ephraim McKellar il y a un Stevenson, et tout McKellar à l'œuvre devient un peu un Stevenson. Il imite celui qu'il imagine qu'on imagine qu'il est. Il est rare que le simple n'ait pas conscience d'être perçu comme tel et ne joue pas son rôle de simple.

Au Moyen Âge, où nous revenons *in extremis*, il en est ainsi. L'idée que nous nous faisons spontanément de cette époque l'associe à la simplicité. Nous sommes tout près de croire que la conscience que la littérature avait d'elle-même et de ses procédés y était moins vive qu'aujourd'hui. Ce n'est évidemment pas vrai. Le simple, mis en scène, ou « mis en littérature », comme locuteur ou comme destinataire, est un personnage de composition. Comment en serait-il autrement ? Parler aux simples n'a de sens que s'il n'y a pas que des simples et, surtout, si celui qui leur parle n'en est pas un lui-même. Mais il en va de même s'agissant du simple qui parle : son discours n'existe comme discours du simple que dans une conscience qui sait qu'il peut exister un autre discours, de même que l'objet ethnologique n'existe comme tel que créé par le regard de l'ethnologue.

Me soupçonnera-t-on d'avoir embelli le Moyen Âge et de l'avoir montré moins méprisant à l'égard des *vilains* qu'il ne l'était et que nous ne le voyons volontiers aujourd'hui ? Pour me défendre, je donne pour finir la parole à un poète du XVIIIe siècle, né en 1721, Jean-François Cassier, curé d'un

---

Ballantrae sont partiellement reprises d'un petit livre intitulé *On lit mieux dans une langue qu'on sait mal*, que j'ai publié en 2021 aux Belles Lettres.

village du Nivernais, au pied du Morvan, dans la forêt des Amognes. Ce bel esprit se plaint que le grand vicaire de Monseigneur l'évêque de Nevers veut lui interdire de faire des vers, alors que seule cette occupation le console d'exercer son ministère :

> Dans un misérable village
> Où pour apprivoiser quatre ou cinq cents Rustauds,
> Hommes par les traits du visage,
> Mais par l'esprit vrais animaux,
> Le seul espèce de langage
> Dont il faut être instruit et savoir faire usage
> Est le patois affreux que cette gent sauvage
> Parle à ses bœufs, à ses chevaux[1].

Les prédicateurs médiévaux jetaient sur le troupeau qui leur était confié un tout autre regard. Pour être entendus des simples, ils ont fait l'effort de pratiquer leur langue rustique et de l'embellir. C'était pour le salut des âmes. Voilà bien le Moyen Âge, dira-t-on ! Quelle violence, quelle noirceur, quel obscurantisme ! Comme on voit que ces malheureux vivaient en des temps sombres et barbares ! Tout le contraire du curé Cassier. En jugeant bestiaux ses paroissiens et affreux leur patois, cet aimable abbé ne témoigne-t-il pas du raffinement de l'esprit et de l'ouverture du cœur qui ont valu à son époque d'être appelée le Siècle des Lumières ?

1. Cité par J.-L. Balleret, dans *La Littérature en Nivernais, Les Annales du pays nivernais* (revue dite *La Camosine*) 36, 1983, p. 17.

Liste des ouvrages cités

AMALVI, Chantal, *Le « Doctrinal aux simples gens » ou « Doctrinal de sapience »*, Paris, École des Chartes, 1978.

ARNOLD, Ivan, *Le Roman de Brut de Wace*, t. I, Paris, SATF, 1888.

AUDIAU, Jean, *La pastourelle dans la poésie occitane du Moyen-Âge*, Paris, de Boccard, 1923.

AVALLE, D'Arco Silvio, *Sponsus. Dramma delle Vergini prudenti e delle Vergine stolte.* Testo musicale ed. R. MONTEROSSO, Milan – Naples, 1965.

BALLERET, Jean-Louis, *La Littérature en Nivernais*, *Les Annales du pays nivernais* (revue dite *La Camosine*) 36, 1983.

BARTHÉLÉMY, dit le RECLUS DE MOLLIEN, *Le Roman de Charité*, 14, 3 : *Li romans de Carité et Miserere du Renclus de Molliens*, éd. A. G. VAN HAMEL, Paris, 1855.

BARTSCH, Karl, *Altfranzösische Romanzen und Pastourellen*, Leipzig, 1870.

BASCHET, Jérôme, *Les justices de l'au-delà. Les représentations de l'enfer en France et en Italie (XIIe-XVe siècle)*, Rome, École française de Rome, 1993.

BATANY, Jean, *Français médiéval*, Paris, Bordas, 1972.

BAYOT, Alphonse, *Le Poème moral, traité de vie chrétienne écrit dans la région wallone vers l'an* 1200, Bruxelles – Liège, Palais des Académies, 1929.

BÈDE LE VÉNÉRABLE, *Histoire ecclésiastique du peuple anglais*, éd. et trad. par Ph. DELAVEAU, Paris, Gallimard, 1995.

BERGER, Roger, *Nécrologie des jongleurs et bourgeois d'Arras*, Arras, Commission départementale des monuments historiques du Pas-de-Calais, 1970.

BERGER, Roger et BRASSEUR, Annette, *Les séquences de sainte Eulalie [...] Avec les autres poèmes du manuscrit 150 de Valenciennes*, Genève, Droz, 2004.

BÉRIOU, Nicole, *L'avènement des maîtres de la Parole. La prédication à Paris au* XIII*e* *siècle*, Paris, Institut d'Études augustiniennes, 2 vol., 1998.

–, *Religion et communication. Un autre regard sur la prédication au Moyen Âge*, Genève, Droz, 2018.

BÉRIOU, Nicole, VAUCHEZ, André et ZINK, Michel (éd.), *Les Dominicains en France (*XIII*e-*XX*e siècle)*, Paris, Académie des inscriptions et belles-lettres – Éd. du Cerf, 2017.

BERLIOZ, Jacques, et POLO DE BEAULIEU, Marie-Anne (dir.), *Les* Exempla *médiévaux. Introduction à la recherche, suivie des tables critiques de l'*Index exemplorum *de Frederic C. Tubach*, Carcassonne, GARAE/ HESIODE, 1992.

BERNARD DE CLAIRVAUX, *Sermons sur le Cantique*, t. I (sermons 1-15), éd. J. LECLERCQ, H. ROCHAIS et Ch. H. Talbot (Editiones cistercienses 1957), trad. P. Verdeyen et R. Fassetta, Paris, Éd. du Cerf, « Sources chrétiennes » 414, 1996.

BISHOP, Thomas (éd.), *The Florence Gould Lectures at New York University*, Volume V, 1997-2002, New York, Center for French Civilization and Culture, New York University, 2003.

BOURGAIN, Louis, *La chaire française au* XII*e* *siècle*, Paris, 1879.

BOSSUAT, Robert et RAYNAUD DE LAGE, Guy, *Les Évangiles des domées*, Paris, Librairie d'Argences, 1955.

BRASSEUR, Annette, *Le Sermon d'Amiens anonyme du* XIII*e* *siècle en langue vernaculaire*, Genève, Droz, 2018.

CHARLAND, Thomas-Marie, *Artes praedicandi. Contribution à l'histoire de la rhétorique au Moyen Âge*, Paris, Vrin, 1936.

CHÊNEAU Françoise, DEREMBLE, Jean-Paul, PASSERAT, Georges Moniales dominicaines de Prouilhe, *La Bible des Pauvres*, Préface de Chr. HECK, Le Coudray-Macouard, Saint-Léger Éditions, 2021.

CHRÉTIEN DE TROYES, *Le Conte du Graal*, v. 6792-6793, éd. et trad. Ch. MÉLA, Paris, Le Livre de Poche, « Lettres gothiques », 1990.

–, *Cligès*, v. 3791-3792, éd. et trad. Ch. MÉLA, Paris, Le Livre de Poche, « Lettres gothiques », 1994.

–, *Le Chevalier au Lion*, v. 18-32, éd. et trad. D. HULT, Paris, Le Livre de Poche, « Lettres gothiques », 1994.

–, *Aucassin et Nicolette*, XXIV, éd. et trad. M.-Fr. Notz-Grob, dans *Nouvelles courtoises du Moyen Âge*, Paris, Le Livre de Poche, « Lettres gothiques », 1997.

Collet, Olivier, Foehr-Janssens, Yasmina, et Mühlethaler, Jean-Claude (dir.), *Fleur de clergie. Mélanges en l'honneur de Jean-Yves Tilliette*, avec la collaboration de P. Deleville, Genève, Droz, 2019.

Constans, Léopold, *Le Roman de Troie de Benoît de Sainte-Maure*, t. I, Paris, SATF, 1904.

Crampon, Augustin, « Un sermon prêché dans la cathédrale d'Amiens vers 1260 », *Mémoires de la société des antiquaires de Picardie*, 1876.

Crane, Thomas Frederick, *The Exempla or Illustrative Stories of the* Sermones vulgares *of Jacques de Vitry*, Londres, The Folklore Society, 1890.

Debidour, Victor-Henry, *Saveur des lettres*, Paris, Plon, 1946.

Delumeau, Jean, *Le péché et la peur. La culpabilisation en Occident, XIIIe-XVIIIe siècles*, Paris, Fayard, 1983.

Éginhard, *Vie de Charlemagne*. Texte, traduction et notes sous la direction de M. Sot et Chr. Veyrard-Cosme, Paris, Éd. Les Belles Lettres, 2014.

Étienne de Fougères, *Le Livre des manières*, éd. par R. A. Lodge, Genève, Droz, 1979.

Fernández de La Cuesta, Ismael, *Las Cançons dels Trobadors*, Institut d'estudis occitans, Tolosa, 1979

France, Anatole, *Œuvres*, Paris, Gallimard, Bibliothèque de la Pléiade, t. I, 1984.

Fumaroli, Marc, *L'âge de l'éloquence. Rhétorique et « res literaria » de la Renaissance au seuil de l'époque classique*, Genève, Droz, 1980 ; Paris, Albin Michel, 1994.

Gaunt, Simon, Harvey, Ruth et Paterson, Linda, *Marcabru. A Critical Edition*, Cambridge, D.S. Brewer, 2000.

Gautier de Coincy, *Miracles de Notre Dame*, V. Fr. Koenig (éd.), Genève, Droz, et Lille, Giard, 1955.

Gerbert de Montreuil, *Le Roman de la Violette ou de Gerart de Nevers*, v. 51, éd. D. Labaree Buffum, Paris, SATF, 1928.

GRENOUILLEAU, Olivier, *Christianisme et esclavage*, Paris, Gallimard, 2021.

GROSSEL, Marie-Geneviève et IBOS-AUGÉ, Anne, *Le* Livre d'amorettes. *Écrit spirituel à insertions lyriques du XIIIe siècle. Édition du ms. Paris, BnF lat. 13091, complété par le ms. Paris BnF fr. 23111*, Paris, Champion, « Classiques français du Moyen Âge », 2022.

GRUNDMANN, Herbert, « Litteratus – illiteratus. Der Wandel einer Bildungsnorm vom Altertum zum Mittelalter », *Archiv für Kulturgeschichte* 40, 1958, p. 1-65, repris dans *Ausgewählte Aufsätze*, Stuttgart, 1978.

GUILLAUME DE LORRIS, *Le Roman de la Rose*, v. 2856, v. 3561, éd. et trad. A. STRUBEL, Paris, Le Livre de Poche, « Lettres gothiques », 1992.

HASENOHR, Geneviève et ZINK, Michel (dir.), *Dictionnaire des lettres françaises. Le Moyen Âge*, Paris, La Pochothèque, 1992.

HEIKKINEN, Seppo, *The Christianisation of Latin Metre. A Study of Bede's « De Arte metrica »*, Helsinki, Unigrafia, 2012.

–, « Re-classicizing Bede ? Hrabanus Maurus on prosody and meter », *Philological Quarterly* 94, 1-2, 2015.

HESKETH, Glynn, *La lumere as lais by Pierre d'Abernon of Fetcham*, Londres, Anglo-Norman Text Society, 3 vol., 1996-2000.

–, *Rossignos by John of Howden*, Londres, Anglo-Norman Text Society, 2006.

HONORIUS AUGUSTODUNENSIS, *L'*Elucidarium *et les lucidaires. Contribution, par l'histoire d'un texte, à l'histoire des croyances religieuses en France au Moyen Âge*, éd. et trad. par Y. LEFÈVRE, Paris, De Boccard, 1954.

HUNT, Tony, « De la chanson au sermon : "Bele Aalis" et "Sur la rive de la mer" », *Romania* 104, 1983, p. 433-456.

JEAN GERSON, Sermon pour la Trinité *Videmus*, éd. L. MOURIN, *Six sermons français inédits de Jean Gerson*, Paris, Vrin, 1946.

–, *Œuvres complètes*. Introduction, texte et notes par Mgr Palémon GLORIEUX, Paris, Desclée, 1960-1973, 10 t. en 11 vol.

JEAN RENART, *Le Roman de la Rose ou de Guillaume de Dole*, éd. par F. LECOY, Paris, Champion, 1966.

LECLERCQ, Jean, *L'amour des lettres et le désir de Dieu. Initiation aux auteurs monastiques du Moyen Âge*, Paris, Éd. du Cerf, 1957.

LECLERCQ, Jean et ROCHAIS, Henri (éd.), *Sancti Bernardi opera*, t. VI, 2, Rome, Editiones cistercienses, 1972.

LECOY, Félix, *La Vie des Pères*, t. I, Paris, SATF, 1987.

LECOY DE LA MARCHE, Albert, *La chaire française au Moyen Âge*, 2e éd., Paris, 1886.

LE GOFF, Jacques, *La naissance du purgatoire*, Paris, Gallimard, 1981.

LOMMATZSCH, Erhard, *Del Tombeor de Nostre Dame*, Berlin, 1920.

LONGÈRE, Jacques (éd.), *Iacobi de Vitriaco Sermones vulgares vel ad status. Prologus I – XXXVI*, Turnhout, Brepols, 2013.

LUBAC, Henri (de) *Exégèse médiévale. Les quatre sens de l'Écriture*, Paris, Aubier, 4 vol., 1959-1964.

MELIGA, Walter, *L'« Eructavit » antico francese secondo il ms. Paris B.N. FR. 1747*, Alexandrie, Edizioni dell'Orso, 1992.

MÉNARD, Philippe, *Les Poésies de Guillaume le Vin*ier, Genève, Droz, 1970, 2e éd. revue, 1983.

MURRAY, Stephen, *A Gothic Sermon. Making a Contract with the Mother of God, Saint Mary of Amiens*, University of California Press, 2004.

NITHARD, *Histoire des fils de Louis le Pieux*. Éd. et trad. de Ph. LAUER, revues par S. GLANSDORF, Paris, Éd. Les Belles Lettres, 2012.

POMEL, Fabienne, *Les voies de l'au-delà et l'essor de l'allégorie au Moyen Âge*, Paris, Champion, 2001.

PORETE, Marguerite, *Le Mirouer des simples ames anienties et qui seulement demourent en vouloir et desir d'amour*. Éd. R. GUARNIERI, Rome, Edizioni di storia e letteratura, 1961. Éd. P. VERDEYEN, Turnhout, Brepols, 1986. Trad. en français moderne de M. Huot de Longchamp, Paris, Albin Michel, 1997.

RAYMOND LULLE, *Doctrine d'enfant*, éd. et trad. par A. LLINARES, Paris, Klincksieck, « Bibliothèque française et romane », 1969.

–, *Libre d'Evast, d'Aloma e de Blanquerna* (original catalan), éd. J. PONS, I MARQUÈS, dans *Obres essencials*, Barcelone, Editorial Selecta, 1957, t. 1, p. 123-302.

–, *Livre d'Evast et de Blaquerne*, éd. et trad. par A. LLINARES, Paris, PUF, 1970.

RECHT, Roland et ZINK, Michel (éd.), *Mille ans d'une abbaye à Paris. Actes du colloque international organisé par l'Académie des inscriptions et belles-lettres le jeudi 4 et le vendredi 5 décembre 2014*, Paris, Académie des inscriptions et belles-lettres, 2015.

RÉGNIER, Claude, *Aliscans*, Paris, Champion, CFMA, 1990.

RICKETTS, Peter T., *Le « Breviari d'amor » de Matfre Ermengaut*, t. V, Leyde, Brill, 1976.

RICOEUR, Paul, *Temps et récit* I, Paris, Éd. du Seuil, 1983.

ROBSON, Charles Alan, *Maurice of Sully and the Medieval Vernacular Homily. With the Texte of Maurice's French Homilies from a Sens Cathedral Chapter Ms.*, Oxford, Blackwell, 1952.

RUHE, Doris, *Gelehrtes Wissen, Aberglauben und pastorale Praxis im französichen Spätmittelalter*, Wiesbaden, L. Reichert, 1993.

SAINT JÉRÔME, *Lettres*, t. III, lettre 53, éd. J. LABOURT, Paris, Éd. Les Belles Lettres, 1953.

SOBCZYK, Agata, *Les Jongleurs de Dieu. Sainte simplicité dans la littérature religieuse de la France médiévale*, Łask, Oficyna Wydawnicza Leksem, 2012.

STELLA, Francesco, *Poesia dell'alto medioevo europeo : manoscriti, lingua e musica dei ritmi latini*, Florence, Sismel, Edizioni del Galluzzo, 2000.

STOCK, Brian, *The Implications of Literacy. Written Language and Models of Interpretation in the Eleventh and Twelfth Century*, Princeton University Press, 1983.

THEIS Laurent, *Charles le Chauve. L'empire des Francs*, Paris, Gallimard, 2021.

THOMAS, Lucien-Paul, « La versification et les versions douteuses du *Sponsus* (texte roman) », dans *Romania* 53, 1927.

–, *Le Sponsus, mystère des vierges sages et des vierges folles*, Paris, PUF, 1951.

TROTTMANN, Christian, *Vie active et vie contemplative au Moyen Âge et au seuil de la Renaissance*, Rome, École française de Rome, 2009.

TUBACH, Frederic C., *Index exemplorum. A Handbook of Medieval Religious Tales*, Helsinki, Academia Scientiarum Fennica, 1969.

VAN DEN BOOGAARD, Nico, *Rondeaux et refrains, du XIIe au début du XIVe siècle*, Paris, Klincksieck, 1969.

VIAL, Marc, « La vie mixte selon Jean Gerson », dans *Vie active et vie contemplative au Moyen Âge et au seuil de la Renaissance*, Chr. TROTTMANN (éd.), Rome, École française de Rome, 2009.

VIELLIARD, Françoise, « Un texte interpolé du cycle du Graal (Bibliothèque Bodmer, manuscrit 147) », *Revue d'histoire des textes* 4, 1974, p. 289-337.

VINCENT, Catherine, « La lente diffusion du culte de saint Dominique dans nord du royaume de France (XIIIe-XVe s.) », dans *Les Dominicains en France (XIIIe-XXe siècle)*, N. BÉRIOU, A. VAUCHEZ et M. ZINK (éd.), Paris, Académie des inscriptions et belles-lettres – Éd. du Cerf, 2017.

VITRY, Alexandre (de), *Le droit de choisir ses frères ? Une histoire de la fraternité*, Paris, Gallimard, 2023.

WAGNER, Robert-Léon, *Textes d'étude (ancien et moyen français)*, Genève – Paris, Droz – Minard, 1964.

ZINK, Michel, *La Pastourelle. Poésie et folklore au Moyen Âge*, Paris, Bordas, 1972.

–, *La Prédication en langue romane avant 1300*, Paris, Champion, 1976.

–, « La suffisance du paysan dans la littérature française du Moyen Âge », dans *Der Bauer im Wandel der Zeit*, éd. W. HIRDT, Bonn, Bouvier Verlag, 1986, p. 35-48, repris dans *Les voix de la conscience. Parole du poète et parole de Dieu dans la littérature médiévale*, Caen – Orléans, Paradigme, 1992, p. 247-260.

–, *Le Moyen Âge et ses chansons ou un passé en trompe-l'œil*, Paris, Éditions de Fallois, 1996.

–, *Le Jongleur de Notre Dame. Contes chrétiens du Moyen Âge*, Paris, Éd. du Seuil, 1999.

–, *Poésie et conversion au Moyen Âge*, Paris, PUF, 2003.

–, « *Ludam ut illudar.* Le corps du jongleur et la présence de Dieu », dans *The Florence Gould Lectures at New York University*, T. BISHOP (éd.), Volume V, 1997-2002, New York, Center for French Civilization and Culture, New York University, 2003.

–, *Rutebeuf. Œuvres complètes*, 2e édition revue et mise à jour, Paris, Le Livre de Poche, « Lettres gothiques », 2005.

–, *Les troubadours. Une histoire poétique*, Paris, Perrin, 2013 ; Tempus, 2017.

–, « *Rossignol* : un exemple de la poésie spirituelle en anglo-normand », dans *IVe journée d'études anglo-normandes. L'anglo-normand : spécificités culturelles d'une langue*. Actes du colloque international organisé par l'Académie des inscriptions et belles-lettres le 29 mai 2015, R. Martin et M. Zink (éd.), Paris, Académie des inscriptions et belles-lettres, 2016.

–, « Prêcher aux simples gens selon Jacques de Vitry. Un discours de la méthode », dans *Fleur de clergie. Mélanges en l'honneur de Jean-Yves Tilliette*, éd. O. Collet, Y. Foehr-Janssens et J.-Cl. Mühlethaler, avec la collaboration de P. Deleville, Genève, Droz, 2019, p. 517-535.

–, *On lit mieux dans une langue qu'on sait mal*, Paris, Éd. Les Belles Lettres, 2021.

Index des auteurs cités

A

Adam de la Halle : 194, 196
Adam de Perseigne : 176
Amalvi, Chantal : 10, 215
Ambroise (saint) : 26
Antoine (saint) : 70
Apollinaire, Guillaume : 35
Arnold, Ivan : 38, 215
Audiau, Jean : 195, 215
Augustin (saint) : 26-28, 69, 117, 217

B

Baschet, Jérôme : 122, 215
Bayot, Alphonse : 41, 157, 215
Bède le Vénérable (saint) : 26, 30, 177, 215
Benoît de Sainte-Maure : 38, 217
Berger, Roger : 22, 125, 215
Bériou, Nicole : 72, 74, 123, 216, 221
Bernard de Clairveaux : 59, 61, 73-75, 143-144, 155, 159-161, 163-167, 172-173, 175-176, 216
Bishop, Thomas : 143, 216, 221
Bossuat, Robert : 79-80, 216
Bourgain, Louis : 78-79, 216
Brasseur, Annette : 22, 102-103, 107, 114, 215-216

C

Cassier, Jean-François : 212-213
Césaire d'Arles (saint) : 27, 29, 66
Charland, Thomas-Marie : 81, 216
Charles le Chauve : 20-21, 220
Charles le Téméraire : 34
Chaurant, Jacques : 103
Chêneau, Françoise : 157, 216
Chrétien de Troyes : 36-37, 46-47, 176, 183, 185-186, 216
Cicéron : 30, 71
Cielo d'Alcamo : 194
Constans, Léopold : 38, 217
Cros, Charles : 35

D

Dante alighieri : 70, 177
Deremble, Jean-Paul : 157, 216
Desnos, Robert : 35

E

Éginhard : 10, 217
Étienne de Fougères : 44-45, 58, 217

F

Faulkner, William : 206, 210-211

Fernández de la Cuesta, Ismael : 199
Fumaroli, Marc : 28, 217

G

Gaunt, Simon : 203-204, 217
Gautier de Coincy : 39, 42, 139, 217
Gerbert de Montreuil : 37, 125-127, 217
Gingras, Francis : 82
Grenouilleau, Olivier : 8, 218
Grossel, Marie-Geneviève : 154-155, 218
Grundmann, Herbert : 10, 218
Guedon de Douriez : 103
Guillaume de Saint-Thierry : 176
Guillaume le Vinier : 125, 127-129, 219

H

Harvey, Ruth : 203, 217
Hasenohr, Geneviève : 10, 218
Heikkinen, Seppo : 27, 218
Henri II Plantagenêt : 44
Hesketh, Glynn : 157, 177, 218
Honorius Augustodunensis : 11, 44, 218
Hugues de Pierrepont : 55
Humbert de Roman : 56
Hunt, Tony : 134-135, 139, 144, 218
Huon de Méry : 151

I

Ibos-Augé, Anne : 154-155, 218

J

Jacob, Max : 35, 59
Jacques de Vitry : 55, 57-58, 60-61, 65-67, 69, 71-73, 75-76, 80, 113, 143-144, 149, 217, 222
Jean (saint) : 30, 117
Jean de Houeden : 177
Jean Gerson : 10, 13-14, 169-175, 218, 221
Jean Renart : 45, 132, 218
Jérôme (saint) : 28, 30-31, 69, 71, 78, 215, 220

K

Koenig, V. Frédéric : 39, 42

L

Le Goff, Jacques : 16, 58, 65, 122, 129, 219
Leclercq, Jean : 28, 59, 73, 160, 165, 173, 216, 218-219
Lecoy de la Marche, Albert : 78-79, 102, 107, 219
Lichtenberger, André : 210
Lubac, Henri (de) : 82, 219
Luc (saint) : 50, 170

M

Marc (saint) : 50, 91, 217, 221
Marcabru : 176, 193-194, 197-198, 203-205, 207, 217
Marius Victorinus : 28
Matfre Ermengaud : 177
Matthieu (saint) : 12, 50-51, 91
Maurice de Sully : 57, 77-84, 86-89, 92, 98, 101, 104, 106, 120, 134-135, 141, 149, 182
McCullers, Carson : 207
Méla, Charles : 36-37, 47, 216
Meliga, Walter : 177, 219
Ménard, Philippe : 125-127, 219

MOLIÈRE : 197
MURRAY, Stephen : 102, 112, 219

N

NERVAL, Gérard (de) : 205
NICOLAS DE CUES : 174
NITHARD : 21, 219

O

OVIDE : 176

P

PASSERAT, Georges : 157, 216
PATERSON, Linda : 203, 217
PAULIN DE NOLE (saint) : 30-31
PHILIPPE LE BON : 34
PIERRE DE PECKHAM : 157
POMEL, Fabienne : 122, 219
PORETE, Marguerite : 12, 219
PRÉVERT, Jacques : 35

Q

QUINTILIEN : 28, 30

R

RABAN MAUR : 26
RAOUL DE HOUDENC : 150
RAYMOND LULLE : 18, 158, 169, 177, 219
RAYNAUD DE LAGE, Guy : 80, 216
RECHT, Roland : 73, 220
RICHARD DE SAINT-VICTOR : 82, 98, 173, 176
RICKETTS, Peter T. : 177, 220
RICŒUR, Paul : 67, 220
ROBERT DE GRETHAM : 80
ROBSON, Charles Alan : 79-80, 84-85, 89, 93, 95, 97, 220
ROUSSEAU, Jean-Jacques : 197
RUHE, Doris : 11, 220
RUTEBEUF : 43, 158, 221

S

SOBCZYK, Agata : 43, 220
STELLA, Francesco : 26, 71, 220
STEVENSON, Robert Louis : 211-212
STOCK, Brian : 10, 220

T

TCHEKHOV, Anton : 210
THEIS Laurent : 21, 220
THOMAS DE CANTIMPRÉ : 56
TROTTMANN, Christian : 170, 175, 220-221

V

VERGER, Jacques : 58, 129
VIAL, Marc : 175, 221
VIELLIARD, Françoise : 82-83, 221
VILLON, François : 41
VINCENT, Catherine : 123
VIRGILE : 30
VITRY, Alexandre (de) : 8

W

WACE : 38, 215
WAGNER, Robert-Léon : 77, 221

Z

ZINK, Michel : 10, 16, 20, 31, 40-41, 43, 67, 69, 73, 101, 103, 123, 134, 143, 158, 164, 166, 177, 180, 188, 216, 218, 220-222

Remerciements

Je remercie de tout cœur Guy Stavridès et Cécile Boyaval, le premier de m'avoir incité et tous deux de m'avoir aidé à tirer ce petit livre de mon ultime cours au Collège de France, donné en 2015 et 2016.

Table des matières

Introduction 7
  Heureuses contradictions 7
  Les simples gens 9
  Un art littéraire destiné aux simples ? 15
  Pourquoi au Moyen Âge plus qu'à une autre époque ? 17
  Écrire la langue des simples : un paradoxe 20
  La poésie du peuple 25
  Une éloquence pour les simples 27
  Une simplicité biblique 29
  Ce qui nous paraît simple l'est-il vraiment ? 32
  Qui est simple ? 36

Un sens pour les simples 49
Les réflexions de Jacques de Vitry 55
L'homiliaire de Maurice de Sully 77
Entre édification et démagogie 101
Prêcher sur une chanson de danse 131
Simplifier en amplifiant 159
Jean Gerson et ses sœurs 169
Faire parler les simples 179
De Calogrenant à Aucassin 183
La pastourelle et la leçon de Marcabru 193
Un coup d'œil ailleurs 209

Liste des ouvrages cités 215
Index des auteurs cités 223

Du même auteur

Tristan et Iseut. Un remède à l'amour, Éd. Stock, 2022.
On lit mieux dans une langue qu'on sait mal, Les Belles Lettres, 2021.
Bérets noirs, bérets rouges (roman), De Fallois, 2018
Ce que nous devons aux anciens poètes de la France. Leçon de clôture prononcée le 10 février 2016, Paris, Collège de France, 2018.
L'humiliation, le Moyen Âge et nous, Albin Michel, 2017.
Bienvenue au Moyen Âge, France inter – Équateurs, 2015 ; rééd. Le Livre de Poche, 2016.
Les Troubadours. Une histoire poétique, Perrin, 2013 (Prix Provins Moyen Âge 2014) ; rééd. Tempus, 2017.
Seuls les enfants savent lire, Tallandier, 2009 ; rééd. Les Belles Lettres, 2019.
Un portefeuille toulousain, De Fallois, 2007 ; rééd. Le Livre de Poche, 2009.
Nature et poésie au Moyen Âge, Fayard, 2006.
Le Moyen Âge à la lettre. Un abécédaire médiéval, Tallandier, 2004.
Arsène Lupin et le mystère d'Arsonval, De Fallois, 2004 ; rééd. Le Livre de Poche, 2006.
Poésie et conversion au Moyen Âge, PUF, 2003.
Déodat ou la transparence. Un roman du Graal, Éd. du Seuil, 2002.
Le Jongleur de Notre Dame. Contes chrétiens du Moyen Âge, Éd. du Seuil, 1999. Rééd. partielle : *Contes du Moyen Âge* avec des illustrations de P.-O. Leclercq, Éd. du Seuil, 2002.
Froissart et le temps, Paris, PUF, 1998.
Le Tiers d'amour. Un roman des troubadours (roman), De Fallois, 1998.
Le Moyen Âge et ses chansons ou un passé en trompe-l'œil, De Fallois, 1996.
Leçon inaugurale de la chaire de Littératures de la France médiévale au Collège de France, Paris, Collège de France, 1995.
Les Voix de la conscience. Parole du poète et parole de Dieu dans la littérature médiévale, Paradigme, 1992.
Littérature française du Moyen Âge, PUF, 1992, dernière édition revue et mise à jour, 2014.
Le Moyen Âge. Littérature française, Presses universitaires de Nancy, 1990, nouvelle édition revue sous le titre *Introduction à la littérature française du Moyen Âge*, Paris, Le Livre de Poche, 1993.
Rutebeuf. Œuvres complètes, 2 vol., Classiques Garnier, 1989-1990, nouvelle édition revue et mise à jour ; Le Livre de Poche, « Lettres gothiques », 2001.

La Subjectivité littéraire autour du siècle de saint Louis, PUF, 1985 (Prix de l'Association internationale des études françaises 1987).

Le Roman d'Apollonius de Tyr. Édition, traduction et présentation, Paris, U.G.E. 10/18, 1982, nouvelle édition mise à jour, Paris, Le Livre de Poche, « Lettres gothiques », 2006.

Roman rose et rose rouge. Le Roman de la Rose ou de Guillaume de Dole de Jean Renart, Nizet, 1979 ; nouvelle éd. Les Belles Lettres, 2014.

Belle. Essai sur les chansons de toile, suivi d'une édition et d'une traduction, Champion, 1978.

La Prédication en langue romane avant 1300, Champion, 1976, édition revue 1982.

La Pastourelle. Poésie et folklore au Moyen Âge, Bordas, 1972.

Imprimé en France

Achevé d'imprimer
sur les presses de la Nouvelle Imprimerie Laballery
58500 Clamecy

Composition : Nord Compo

N° d'imprimeur : 304162
Achevé d'imprimer : avril 2023
Dépôt légal : mai 2023